ADRIAN LANGENSCHEID

FINLANDE TRUE CRIME

DE VRAIES AFFAIRES CRIMINELLES

Impression

Les auteurs : Adrian Langenscheid, Lisa Bielec,
Marie van den Boom, Fabian Maysenhölder, Heike Schlosser

ISBN :
"978-3-98661-089-0" Finlande True Crime French Paperback

Première édition avril 2021

Conception de la couverture : Pixa Heros, Stuttgart

ADRIAN LANGENSCHEID

FINLAND TRUE CRIME

DE VRAIES AFFAIRES CRIMINELLES

À propos de ce livre :

Tueurs en série glaçants, drames familiaux tragiques, enlèvements dramatiques, tortures ignobles et sévices impitoyables, vous allez découvrir quatorze nouvelles choquantes sur de véritables affaires criminelles finlandaises.

Vous serez captivé, abasourdi, sidéré, bouleversé, et remettrez en question tout ce que vous pensiez savoir sur la nature humaine.

La vie écrit des histoires horribles et ce livre vous les raconte. Plongez, dans le monde époustouflant de vrais crimes bien réels !

À propos de l'auteur :

Adrian Langenscheid est l'auteur de la série de livres à succès True Crime International. En tant qu'expert passionné de True Crime, Adrian est cité au même titre que les grands noms allemands du True Crime que sont Harbort, Benecke ou Tsokos. Tous ses livres sont devenus des best-sellers au-delà des frontières allemandes. Le sixième livre de la série s'inscrit dans la lignée du succès considérable de ses prédécesseurs. Avec sa femme et ses enfants, Adrian vit à la lisière de la Forêt-Noire, dans le Bade-Wurtemberg.

Sommaire

Préface

Les dernières années m'ont réservé de belles surprises. J'avais un intérêt passionné pour le « true crime », mais j'étais sans grandes attentes quand j'ai publié mon premier livre *True Crime Deutschland* qui a rencontré un grand succès. D'autres ont suivi, *True Crime USA*, *True Crime England*, *True Crime Sweden* et *True Crime Frankreich*. Tous ces livres sont devenus des best-sellers dans le genre « True Crime ». Des mois plus tard, ils figurent toujours dans les listes des meilleures ventes, grâce aux nombreux lecteurs. Ils ont été traduits en anglais, en espagnol et en français, pour certains, et ont été enregistrés en tant que livres audio.

Ce succès inattendu et l'accueil du public m'ont rendu humble. Avec le recul, et surtout en ce qui concerne mes deux premiers livres, je ferais certaines choses différemment. Ma passion c'est d'écrire et de publier des livres, mais je sais que sans vous, chères lectrices et chers lecteurs, rien n'aurait été possible. C'est pourquoi mes remerciements s'adressent avant tout à vous. Merci pour vos critiques et vos réactions sincères. Je les lis, je les prends à cœur et je me réjouis des évaluations positives. *Finlande True Crime* est le sixième livre de la série. Je vous le dédie ainsi qu'à tous ceux qui participent au succès de cette série de livres par leurs achats, leurs réactions et leurs critiques. Je vous remercie tous !

Votre Adrian Langenscheid

Introduction

Elle était assise et criait tellement que tous les regards se tournaient vers nous. Si ses mains ridées n'avaient pas agrippé les miennes avec tant d'énergie, je me serais éloigné. La situation me mettait très mal à l'aise. Elle me regardait avec insistance et, dans un allemand approximatif, elle criait de plus en plus fort : « On ne fait pas ça ? On ne fait pas ça, quand même ? » Sa voix résonnait dans la salle un peu austère. Une larme coulait lentement sur la joue de Devora. Puis d'autres vinrent. Une vague d'émotions menaçait de me submerger. Un demi-siècle s'était pourtant écoulé, mais elle hurlait comme si c'était hier.

C'était en 2004, j'étais loin de chez moi, à Haïfa. Avec d'autres jeunes, je m'étais engagé dans un « tour de la paix » qui nous avait notamment conduits ici, dans le nord d'Israël, dans un foyer pour survivants de l'Holocauste. Tous les gens qui étaient là avaient des numéros tatoués sur leurs bras. Les chiffres étaient à moitié effacés, mais les souvenirs étaient toujours vivaces. Un survivant de l'Holocauste nous avait accueillis avec une grande gentillesse. Lorsqu'il nous avait salués en lisant son texte soigneusement rédigé à l'avance, on entendait le yiddish dans son allemand approximatif. Le message que nous portions était clair : l'Allemagne n'est plus ce qu'elle est restée dans votre mémoire. Nous sommes désolés ! Nous avons chanté une chanson et avons distribué des roses.

C'est alors que j'ai rencontré Devora. Tout en tenant ma main, elle m'a raconté son histoire. Le camp de concentration. La perte de tous les siens à l'âge de 14 ans. Sa solitude à la fin de la guerre. Ses yeux étaient pleins de tristesse. Tout autour d'elle, il y avait le brouillard de l'ancienne douleur et du désespoir de sa vie. Elle m'a parlé du capitaine qui les avait traités de cochons. Ils ne valaient pas plus que des cochons. C'est à ce moment-là qu'elle a crié : « On ne fait pas ça, on ne fait pas ça, quand même ! »

J'avais l'impression, non pas de tenir la main d'une vieille dame triste et amère, mais celle de la jeune fille qu'elle avait été à l'époque. Prisonnière du passé, toujours profondément marquée par ses bourreaux morts depuis longtemps. Pétrifiée dans la colère, l'amertume et le mépris, condamnée à ressasser les humiliations anciennes. Ce crime l'avait marquée à jamais.

Alors que je jetais un coup d'œil aux autres survivants, dont certains plaisantaient chaleureusement avec mes amis, une pensée limpide et pleine de compassion m'a traversé : « Si seulement vous aviez réussi à pardonner, vous auriez pu avoir une vie heureuse». Mais je n'ai rien dit, car j'en avais honte.

Qui suis-je pour porter un tel jugement devant cette souffrance? Que se serait-il passé si un sort aussi cruel m'avait été réservé? Aurais-je été capable de retrouver l'espoir et la paix après une chose aussi terrible? Aurais-je pu pardonner et vivre normalement? Après tant d'années de souffrance, un jeune homme serait-il venu s'asseoir devant moi pour me juger?

Je regardais les autres survivants présents dans ce foyer. Ils semblaient heureux. La pensée me traversa que nous pouvions nous remettre des crimes les plus horribles de l'humanité. Puis j'ai plongé mon regard dans les yeux noirs et brillants de larmes de Devora. Certains d'entre nous le pouvaient, mais pas tous.

Cette brève vision d'un monde idéal que j'ai eue en 2004 m'émeut encore aujourd'hui et constitue, avec quelques autres expériences, une des raisons pour lesquelles j'investis beaucoup de temps dans la recherche sur les crimes. Ce faisant, je ne peux que secouer la tête avec incrédulité en constatant la profondeur des abîmes humains qui se cachent souvent derrière les façades bourgeoises.

La vie écrit parfois des histoires qui laissent ceux qui les ont vécues abasourdis et choqués. Les récits de ce livre ne sont pas le fruit de l'imagination d'un écrivain. C'est la cruelle réalité qui va vous frapper au cours des quatorze chapitres à venir. Une réalité plus bouleversante que n'importe quelle fiction, avec des personnes qui, comme Devora, restent incrédules et brisées. Des victimes contraintes de faire face à la souffrance qu'elles ont subie ou d'y succomber.

Dans ce livre, je vous présente des affaires criminelles ayant eu lieu, cette fois-ci, en Finlande. Il s'agit de récits aussi proches que possible de la réalité, sur des crimes qui ont réellement eu lieu, et ce, il n'y a pas si longtemps. On pourrait écrire un livre entier sur chaque cas avec des analyses psychologiques approfondies, mais ce n'est pas mon propos. Ces histoires vous traversent comme une tempête inattendue. Avant même que l'on s'en rende compte, elle est passée. Il ne reste que cette question à laquelle les victimes sont inévitablement confrontées, souvent pour le reste de leur vie : pourquoi ?

Ce sont des crimes brefs qui suscitent la compassion et la réflexion. Laissez-vous entraîner dans les profondeurs des abîmes humains par des cas totalement différents, d'abus, de profanation de cadavres, de cannibalisme, d'enlèvement, de chantage, de mensonges, d'intrigues et de manipulations. Vous serez choqué, comme je le suis.

Devora n'est plus en vie, mais il m'arrive encore de voir ses yeux brillants de larmes.

CHAPITRE 1

Bonne nuit, mon chéri

« Bonne nuit, mon chéri ». Helvi embrasse affectueusement son petit-fils sur le front. Malgré l'histoire enregistrée sur une cassette audio qui tourne en sourdine, l'enfant ne s'endort pas. Helvi monte le volume à fond. C'est le seul moyen de couvrir les cris, les pleurs et les gémissements qui viennent du salon. Elle vit près de chez sa fille et vient presque tous les jours donner un coup de main lorsque son gendre veut régler ses problèmes de couple à sa manière bien à lui. Elle espère vraiment que les histoires rocambolesques de Fifi Brindacier et de Zozo la Tornade intéresseront suffisamment son petit-fils pour qu'il puisse s'endormir tranquillement. Mais le petit Oskar est intelligent et surtout, il a grandi beaucoup trop vite. À six ans, il sait déjà que c'est sa maman qui pleure de douleur et de désespoir. Et il sait aussi que c'est son père qui la fait souffrir. C'est lui qui la frappe, lui donne des coups de pied et lui crie dessus. Oskar ne comprend pas pourquoi, mais finalement cela lui est égal, car il sait une chose avec certitude : « Bonne nuit, mamie. Un jour, je tuerai papa. »

Esko a trois ans lorsqu'une femme avec un gentil sourire se rend à son domicile et l'emmène avec elle. Elle veut les conduire, son petit frère Matthi et lui, dans un nouveau foyer. Esko ne pose pas de questions. Il pense que cela a un rapport avec maman. Souvent, des hommes qu'il ne connaît pas viennent à la maison et font des drôles de choses avec elle. Ils lui crient dessus, la frappent et se couchent sur elle. Au bout de quelques minutes, les hommes font des bruits bizarres et se lèvent. Ils donnent de l'argent à maman ou des petits sachets en plastique contenant une poudre blanche. Cela ressemble à de l'eau gazeuse. Esko aimerait bien y goûter, mais maman dit toujours que ce n'est pas bon pour lui. Les deux garçons sont maintenant assis dans la voiture de la femme et Esko se demande quel goût aurait eu la poudre. Ses petites valises sont bien rangées dans le coffre. La dame a dû lui promettre solennellement de prendre soin de ses bagages. Après tout, il n'a eu le droit d'emporter que ses affaires préférées et il ne veut surtout pas les perdre.

La maison dans laquelle la femme du service de protection de l'enfance emmène Esko et Matthi n'est tout au plus qu'un toit sur la tête des enfants. Pendant toute leur petite enfance, la femme est venue et revenue, souvent, pour les conduire dans de nouvelles maisons, chez de nouvelles personnes. À l'adolescence, les deux garçons reviennent finalement chez leur mère. Les hommes continuent d'aller et venir et les sachets de poudre blanche continuent de traîner partout dans l'appartement. Mais désormais, Esko sait que ce n'est pas de la poudre. Il comprend que sa mère se prostitue et qu'elle est toxicomane. L'argent est toujours rare, le réfrigérateur souvent vide. Esko ne supporte pas le regard de son frère Matthi, de deux ans son cadet. « J'ai faim », dit-il à voix basse dès le matin, quand la veille, une fois de plus, il n'y a pas eu de repas sur la table. Esko connaît comme sa poche tous les supermarchés de la ville. Il sait que la vieille dame qui tient la petite épicerie du coin ne remarque pas quand il prend quelques pommes. Mais dans son magasin, il n'y a pas de plats préparés. Ça, il va le chercher dans la grande chaîne de supermarchés. Là encore, il doit être très prudent, car il y a du personnel de sécurité et il s'est déjà fait prendre plus d'une fois. Il explique pourtant que la nourriture est pour son frère qui a faim. Mais cette vérité-là n'intéresse personne. Les gardiens le dénoncent à la police, qui le condamne à des heures de travail social ou à la prison pour mineurs.

À l'école, il n'a pas d'ami non plus. Ses camarades lui lancent des boules de papier et se moquent de ses vêtements usés et de ses cheveux sales et mal coupés. C'est dans ces situations-là qu'Esko frappe. Ses professeurs le considèrent alors comme responsable de l'agression. De toute façon, ils ne s'intéressent qu'à ses mauvais résultats, et non aux raisons de ceux-ci. Mais il faut dire que l'intérêt d'Esko pour l'école est également limité. Dès qu'il aura terminé les années d'école obligatoire, il quittera cette ville misérable et il laissera tout derrière lui. Il n'emmènera avec lui que Matthi et Ulla.

Ulla a 15 ans, deux ans de moins qu'Esko. Il l'a remarquée pour la première fois dans la cour de récréation, alors que quelques camarades la bousculaient et se moquaient d'elle. Esko s'est interposé et depuis, ils sont bien plus que de jeunes amoureux, ils forment une équipe. Ulla et Esko, Esko et Ulla contre le reste du monde. Ils ne se voient que le week-end, car Esko a pris un emploi de gardien de parking à la fin de ses études. Mais lorsqu'il est avec elle, il devient quelqu'un d'autre. Il l'écoute attentivement. Tout ce qu'Ulla dit l'intéresse énormément. Lorsque la jeune fille a 16 ans, ils louent un petit appartement dans un village situé à deux heures de la ville. Ils n'ont pu signer le contrat de location qu'avec l'aide de Helvi, la mère d'Ulla, car celle-ci est encore mineure. Un an plus tard, elle tombe enceinte et donne naissance au petit Oskar. Le bébé est son rayon de soleil. Depuis qu'elle l'a tenu dans ses bras pour la première fois, la jeune mère aime son fils plus que tout. Elle est très préoccupée par l'évolution de la relation avec Esko qui ne semble pas s'intéresser particulièrement à son fils. Il boit. Au début, uniquement le soir avec ses amis, puis de plus en plus souvent en journée. Les hommes qu'il appelle ses amis sont des types louches sans emploi, drogués et alcooliques. Esko a eu plusieurs emplois ces derniers mois, et il les a tous perdus au bout de quelques semaines. C'est donc Ulla qui doit chercher du travail pour subvenir aux besoins d'Oskar. Helvi, sa mère, aide également la jeune famille. Elle s'occupe avec dévouement de son petit-fils quand Ulla est à son travail dans une usine et qu'Esko est ivre sur le canapé.

Sous l'influence de l'alcool, le caractère d'Esko change. Son humeur peut varier en quelques secondes. Il crie après sa femme si elle ne lui sert pas un bon repas ou si elle n'est pas habillée comme il faut. Parfois, il la pousse ou la saisit fermement par le bras. Puis il s'excuse en pleurant et promet de changer.

Oskar a quatre mois quand Esko étrangle Ulla. Le soir même, dès qu'il sort courir les rues avec ses compagnons de beuverie, elle rassemble en un clin d'œil quelques vêtements pour Oskar et pour elle et elle s'enfuit. Elle va chez sa mère. Helvi est sous le choc. Elle savait qu'Esko avait un problème d'alcool et de violentes sautes d'humeur. Mais étrangler Ulla, ça va nettement trop loin. Elle est soulagée que sa fille ait pris la décision de s'enfuir et de mettre son enfant et elle-même à l'abri.

Mais Esko n'accepte pas cette séparation. Pendant qu'Helvi est au travail pendant la journée, il rôde autour de la maison. Il hurle qu'Ulla doit ouvrir la porte et qu'elle ne peut pas lui interdire de voir son fils. Mais Ulla résiste. Esko alterne les déclarations d'amour romantiques, les excuses pleines de remords, les grandes promesses de tout arranger, les menaces et les insultes. Au bout de quelques jours, il ne fait plus que des excuses et des promesses. Ulla faiblit et lui ouvre la porte. Mais Helvi ne se laisse pas piéger. Le soir même, en revenant du travail, elle demande clairement à son gendre de partir.

S'il ne s'exécute pas, elle en informera la police. Depuis des années, Helvi garde un pistolet dans un tiroir du placard du salon… on ne sait jamais. Mais ce qu'elle ne sait pas non plus, c'est qu'Esko connaît la cachette de l'arme. Après que Helvi l'a menacé d'appeler la police, il plonge sa main dans le tiroir, sort le pistolet et tire au hasard. Helvi a la présence d'esprit de se baisser et elle crie à Ulla de se mettre à l'abri avec Oskar. L'enfant pleure. Il a peur. Ces derniers jours, il était paisible et équilibré. Il dormait bien, il mangeait sans faire d'histoire et riait souvent avec elle. À la pensée qu'avec le retour d'Esko, les ennuis, la tristesse et la violence vont à nouveau compliquer sa jeune vie, Helvi fond en larmes. Esko lui, ricane, puis il laisse tomber le pistolet et quitte le salon.

Quelques jours plus tard, Ulla et Esko louent un appartement à quelques rues de là, à côté du logement de Karin, la sœur d'Ulla. Helvi supplie sa fille d'aller chercher de l'aide. Mais Ulla aime Esko. « Il va s'améliorer, maman. Il nous l'a promis, à Oskar et à moi. »

Mais voilà, Esko ne change pas. Les années passent et Ulla est prisonnière d'une spirale de violence physique et de terreur psychique. Esko vole son argent et quand elle n'en a plus, il devient agressif. Un soir, dans l'appartement voisin de celui de Karin, il frappe Ulla au visage, tellement fort qu'elle perd une incisive et que son tympan éclate. Après ce nouvel incident, Ulla désespérée se tourne vers sa sœur et son mari, qui tentent de retrouver Esko. Mais celui-ci est passé maître dans l'art de disparaître vite et de bien se cacher. Personne ne sait où il se réfugie après de telles fuites.

Peu à peu, un schéma de séparations violentes, suivies de déménagements dans de nouveaux appartements et de retours avec Esko va se dessiner. Celui-ci est de plus en plus souvent en prison pour des affaires de violences et des délits liés à la drogue. Dans ces moments-là, Ulla s'installe chez Helvi ou dans un nouvel appartement. Ce sont à chaque fois des tentatives désespérées pour se débarrasser d'Esko. Mais depuis la prison, il lui écrit des lettres d'excuses et des déclarations d'amour. Ainsi, Ulla lui communique chaque fois sa nouvelle adresse, et Helvi ne peut pas lutter contre le compagnon de sa fille. À plusieurs reprises, il brise les fenêtres avec de grosses pierres et escalade les gouttières pour s'introduire de force dans sa maison. Même la police ne peut rien faire contre Esko tant qu'une plainte n'a pas été déposée contre lui.

Ulla s'accroche désespérément aux bons moments. Quand Esko n'est pas ivre, il s'occupe d'Oskar et se montre un partenaire affectueux. Alors qu'il est en prison, il se fait implanter une capsule dans le bras qui le rend particulièrement sensible à l'alcool. Il ne peut plus boire. Pendant quelques jours, la petite famille mène une vie presque normale. Ils font même une sortie en camping. Esko trouve également un nouveau travail dans une usine de bois. Mais après quelques jours, il se dispute avec son supérieur et le cloue sur son bureau avec un pistolet à clous. Le soir, Ulla remarque une blessure sur le bras d'Esko et constate qu'il recommence à boire.

En novembre 1993, Ulla et Esko se marient. Il lui a promis qu'il s'améliorerait s'ils se mariaient enfin. Il lui a dit qu'il serait sobre, qu'il ne la frapperait plus, qu'il chercherait du travail et passerait du temps avec son fils. Après le mariage, ils emménagent dans l'appartement d'Esko et, peu de temps après, dans un nouvel appartement un peu plus grand, au troisième étage d'un immeuble.

Quelques semaines passent et Ulla constate qu'une fois de plus, toutes ces promesses n'étaient que des paroles en l'air. Elle dit à Oskar qu'ils vont déménager. Oskar ne répond pas. Il a maintenant à peu près l'âge qu'avait sa mère lorsqu'elle a fait la connaissance d'Esko. Le garçon a compris très tôt que son père est un tyran alcoolique. De plus en plus souvent, il oblige son fils à l'accompagner dans ses tournées et à collecter de l'argent pour lui. La semaine précédente, Oskar a envoyé un homme à l'hôpital à force de lui donner des coups de pied. Il ne voulait pas le frapper, mais son père l'a menacé de les tuer, sa mère et lui, s'il refusait.

Oskar aime sa mère. À force, il a arrêté de compter les déménagements, il ne supporte plus tous ces allers et retours. Pourtant, il ne dit rien et il prépare sa valise. Ulla aussi fourre à la hâte quelques vêtements dans un sac à dos. Mais ce soir-là, Esko rentre à la maison plus tôt que prévu. Ils se disputent, et quand Ulla lui crie : « Je vais demander le divorce ! » Esko saisit un couteau et lui bloque la fuite par la porte d'entrée. Alors qu'Oskar est assis dans sa chambre et attend que le calme revienne, comme c'est souvent le cas, sa mère s'éloigne de la porte d'entrée et se précipite sur le balcon. Elle enjambe la balustrade et se retrouve coincée à plusieurs mètres du sol. Esko ne dit rien. Il reste pétrifié derrière la porte du balcon, le couteau fermement serré dans sa main. « Maman ! », crie Oskar. « Cours chez mamie, mon chéri, je te rejoins », halète sa mère qui tente visiblement de se hisser jusqu'au balcon du voisin. Mais il fait un froid glacial, l'hiver finlandais a déjà commencé. Ulla ne porte ni veste ni gants. La balustrade du balcon est gelée et la nuit est noire. Dehors, on ne voit presque rien. Oskar comprend parfaitement ce qui va se passer quelques secondes plus tard, mais il ne peut rien faire pour éviter ce moment terrible. Sa mère glisse et tombe du troisième étage dans la neige. En pleurant, Oskar se penche et l'appelle. Il voit qu'elle bouge. Stupéfait, il appelle à l'aide et il court dans tout l'immeuble, sonnant à toutes les portes, tandis qu'Esko disparaît dans la nuit.

À l'hôpital, le médecin est étonné de voir qu'Ulla se tient debout. Elle n'a pas de blessures graves, pas même de fracture. Dans les jours qui suivent, Helvi lui donne les clés d'une cabane isolée dans la forêt. Il s'agit d'une ancienne propriété familiale. Il n'y a pas d'électricité, pas d'eau courante, pas de réseau et pas d'Esko. Le tyran domestique ne connaît pas cette cabane. Vivre dans ce lieu n'est pas une solution à long terme, tout le monde le sait. Au travail, Ulla ne peut pas se faire porter malade indéfiniment et Oskar doit aller à l'école. Ils restent tous les deux une semaine dans la forêt. Sept jours de repos et de calme. Lorsqu'ils reviennent, la chance semble être de leur côté : Esko n'est pas là. Ils apprennent par Helvi qu'il est une nouvelle fois en détention. Ils en profitent pour déménager, pour la dernière fois. Ulla demande le divorce après six mois de mariage.

Quelques semaines plus tard à l'école, pendant la récréation, Oskar remarque qu'il rit. Il ne se souvient pas de la dernière fois où il a ressenti cette sensation du rire dans son ventre. C'est donc ça, s'amuser. Il discute avec son meilleur ami. Ses pensées ne tournent plus autour de l'œil au beurre noir de sa mère, des odeurs d'alcool de son père ou de ses bruyants amis qui le tiennent éveillé la nuit. Même son copain semble remarquer le changement et s'en réjouir, car il n'interrompt pas rapidement la conversation comme d'habitude, mais il parle longuement à Oskar de son nouveau jeu vidéo. Puis soudain, il s'arrête au milieu de sa phrase et regarde Oskar d'un air apeuré. Celui-ci sent alors une main sur son épaule en même temps qu'une haleine imbibée d'alcool. « Où est ta maman ? »

Il faut bien qu'il le lui dise. Que peut-il faire d'autre ? Laisser la situation s'envenimer ? Son père est complètement ivre et ses mains puissantes le tiennent si fermement qu'il sait exactement ce qui l'attend s'il ne coopère pas. En dehors de son meilleur ami avec lequel il discute, il n'a pas beaucoup d'autres camarades avec lesquels il s'entend bien. Il ne veut pas perdre cette unique amitié en laissant son copain découvrir quel genre de personne est son père. C'est ainsi que le soir même, tous les traits de sa mère s'affaissent lorsqu'elle voit son ex-mari assis sur le canapé. Il est de retour. Et il est venu pour rester.

Ulla ne reproche pas à son fils d'avoir donné sa nouvelle adresse à Esko. Elle sait à quel point son mari peut être effrayant. Leur bonheur n'a duré que quelques mois, mais c'était bien. Elle est reconnaissante pour le calme et la paix de ces derniers jours. Mais maintenant, elle est résignée. Ulla n'a plus la force de lutter contre son ex-mari. Il demande de plus en plus souvent de l'argent. De l'argent qu'elle n'a pas.

Le 14 septembre 1995, lorsqu'elle revient du supermarché avec deux lourds sacs de courses, Esko et sa bande sont déjà installés dans le salon. L'air est étouffant, ça sent la cigarette et la bière. La musique est à fond et ça fait vibrer les murs. « Nous avons faim », marmonne l'un des hommes. Il est grand et fort, mal fagoté et il s'approche d'elle. Instinctivement, Ulla recule, mais il ne s'intéresse pas à elle, seulement à ses achats. En quelques minutes, le groupe a pillé les provisions qu'elle vient d'acheter. Il ne reste plus que 20 marks finlandais dans le porte-monnaie d'Ulla qu'elle va perdre également moins d'une heure plus tard. Esko décide d'aller dans un bar avec ses amis. Ils ont besoin d'argent. Ulla ne ressent plus rien depuis qu'elle est rentrée. Son visage est blanc, ses yeux sont vides. C'est comme si elle avait perdu toute énergie vitale. Sans dire un mot, elle lui tend le billet de 20 marks. Mais Esko ricane et jette le billet à ses pieds. « Qu'est-ce que tu veux que je fasse avec 20 marks ? » Une fois de plus, Ulla ne dit rien. Elle prend le téléphone et compose le numéro de ses parents. Son père décroche et elle lui demande de l'argent. « Est-ce encore cet Esko qui te demande de l'argent ? », demande-t-il avec colère. Machinalement, à voix basse, Ulla répond non. Puis elle dit à son ex-mari qu'elle va chercher l'argent chez son père et qu'elle le leur apportera ensuite au bar.

Ulla se rend chez ses parents avec Oskar. Son père est parti après son appel. Sa situation le préoccupe beaucoup, explique Helvi à sa fille en lui donnant une liasse de billets. Ulla quitte la maison et repart avec Oskar. Elle s'arrête à un distributeur automatique de billets et retire l'intégralité de ce qui reste sur son compte bancaire. Arrivée devant son appartement, elle serre son fils dans ses bras. « Je t'aime », affirme-t-elle avec force, et elle lui tend son porte-monnaie. « Va rendre son argent à grand-père et paie ensuite toutes les factures. J'ai encore quelque chose à faire. » Oskar est perplexe lorsque sa mère se rend une nouvelle fois chez sa grand-mère à vélo. Helvi ne s'attendait pas à voir sa fille une dernière fois ce jour-là. Ulla se tient debout devant elle, et son ventre de mère aimante se serre puis elle s'effondre quand elle entend sa fille lui dire : « Je t'aime, maman. Je vais me tuer maintenant.

Quand Oskar rentre dans l'appartement vide, il comprend soudain que sa mère vient de lui dire adieu. Pour toujours. Il essaie frénétiquement d'appeler sa grand-mère, mais elle ne décroche pas. Au même moment, Helvi erre dans la ville, en pleurs, complètement désespérée en appelant sa fille. Elle a essayé d'arrêter Ulla, mais celle-ci est partie à toute vitesse sur son vélo juste après la terrible phrase. Helvi a prévenu Karin, la sœur d'Ulla. Celle-ci demande par téléphone à Oskar de rester dans l'appartement au cas où Ulla reviendrait.

Karin est terriblement inquiète pour sa sœur, mais elle sait qu'elle doit garder son calme. Avec Helvi en pleurs, elle revient dans la maison familiale. Ainsi, à chaque point de chute possible, quelqu'un attend Ulla au cas où elle reviendrait. Karin installe sa mère à la table de la cuisine et lui donne un verre d'eau. «Je reviens tout de suite, je vais juste faire un tour dans la salle de bain», dit-elle. Quelques giclées d'eau froide l'aideront certainement à garder les idées claires. Mais lorsqu'elle ouvre la porte de la salle de bain, sa résolution disparaît d'un coup et elle laisse échapper un cri aigu.

Sa sœur est allongée sur le sol de la salle de bain. Autour d'elle, c'est le chaos. Des boîtes vides, des emballages et des blisters traînent partout. Ulla a seulement fait semblant de partir. En réalité, elle est revenue chez ses parents et a avalé tous les comprimés de l'armoire à pharmacie. Pourtant, elle est encore en vie. Elle est pâle et semble avoir perdu connaissance, elle ne réagit pas, mais elle respire faiblement. Karin revient en courant à la cuisine et appelle l'ambulance. Elle informe ensuite Oskar, qui part tout de suite. Le téléphone n'est pas sans fil et elle ne peut pas arrêter Helvi qui se dirige tout droit vers la salle de bain.

Karin trouve sa mère figée dans l'encadrement de la porte. Elle tremble de tout son corps. Elle la prend dans ses bras et l'assure qu'Ulla est en vie. Le médecin urgentiste sera là dans quelques minutes. Oskar, qui est arrivé entre-temps, pleure.

Mais ce n'est pas seulement de la tristesse qui émane de lui, mais aussi de la colère, et de la détermination. « Je vais le tuer », répète-t-il sans cesse. Lorsque l'ambulance arrive et emmène Ulla, Helvi demande à Karin et Oskar de ne pas la quitter. Elle va les rejoindre. Karin s'étonne quand même de voir sa mère glisser un couteau dans son sac à main bleu et quitter la maison.

Peu avant 20 heures, Helvi arrive au bar où Esko a ses habitudes. Elle l'aperçoit tout de suite en train de jouer au billard avec la bande de losers qu'il appelle ses amis. Il rit et braille à tout va, comme si tout allait bien. Il est ivre. Il est heureux. Comment peut-il être heureux alors qu'il fait tant de mal à sa famille ? Aujourd'hui, elle a failli perdre sa fille et Oskar, sa mère. Puis elle inspire profondément, expire calmement, et attend qu'Esko arrive au bar. Elle n'attend pas longtemps avant qu'il ne vienne commander de nouvelles boissons. La bande a probablement trouvé de l'argent ailleurs. « Ulla est morte », dit-elle. Esko se tourne vers elle et répond : « Où est-elle ? » « Elle est morte ! », répond Helvi, plus fort. Ils commencent à se disputer. Lorsqu'Esko se retourne et dit « Je vais trouver Ulla », Helvi sort le couteau de sa poche et le poignarde en pleine poitrine. Elle soutient le regard surpris de son gendre. Puis il s'écroule au sol.

Les clients choqués poussent des cris. Les serveurs sont horrifiés et craignent la suite. Mais Helvi pose le couteau et à 20 h 16, un barman appelle la police et les secours. Pendant ce temps, Helvi tente de rassurer les témoins. « Ne vous inquiétez pas. Il méritait de mourir». Lentement, elle se dirige vers la cuisine. Elle y reste jusqu'à l'arrivée de la police, une demi-heure plus tard. Avec eux arrivent également Karin et Oskar, qui ont été informés par les agents. Oskar regarde Helvi dans les yeux et il sait instinctivement ce qui s'est passé. «Vous ne pouvez pas emmener ma grand-mère! dit-il à la police. Elle voulait juste me protéger. Sinon, je l'aurais fait moi-même!» Helvi prend Oskar dans ses bras et lui sourit. «Ne t'inquiète pas.»

Mise en détention provisoire, Helvi se montre très coopérative. Elle est interrogée le soir même, mais veut d'abord savoir si Esko est mort. Lorsque les enquêteurs répondent par l'affirmative, Helvi remercie Dieu intérieurement avant de raconter toute l'histoire, en commençant par la rencontre entre Esko et sa fille, âgée de 15 ans à l'époque. Elle raconte les accès de violence contre Ulla et leur fils, les problèmes d'alcool et de drogue, le harcèlement, la fusillade dans leur maison et la tentative de suicide de sa fille : «Esko n'a apporté que douleur et souffrance à ma fille». Ce soir-là, explique-t-elle, lorsqu'elle a compris qu'elle aurait pu perdre sa fille, elle a décidé d'agir. Elle sait que c'est mal de tuer un être humain, mais pour sa fille et son petit-fils, il n'y avait pas d'autre solution.

Ulla de son côté s'est rapidement remise de sa tentative de suicide. Depuis l'enterrement de son ex-mari, elle se rend régulièrement sur sa tombe et apporte des fleurs fraîches chaque semaine.

C'est en octobre 1995 que commence le procès d'Helvi. Il a d'abord fallu procéder à une expertise psychiatrique, ce qui a pris environ six mois. Pendant ce temps, Helvi s'est habituée à la détention et s'est fait des amis parmi les gardiens. Parmi eux, Markus, avec qui elle s'entend particulièrement bien en raison de sa joie de vivre et de son humour. Les autres détenus aussi l'apprécient. Elle est à l'écoute des jeunes délinquants et devient rapidement une figure maternelle. Ulla, Karin et Oskar rendent visite à Helvi aussi souvent que le règlement de la prison le permet.

Les conclusions de l'expertise sont disponibles en mars 1996. Au moment des faits, Helvi, traumatisée par la tentative de suicide de sa fille, n'était pas entièrement responsable de ses actes. Le choc avait persisté même après avoir compris qu'Ulla était vivante. Mais Helvi est consciente de la gravité de son acte et souhaite en assumer les conséquences. Elle est finalement condamnée à trois ans et trois mois de prison pour homicide avec des circonstances médicales atténuantes. La peine minimale pour ce crime est de quatre ans de prison.

Après l'incarcération d'Helvi, Karin lance une pétition en sa faveur. En l'espace d'une semaine, presque tout le village la signe, y compris des officiers de police et Matthi, le frère d'Esko. Karin envoie la pétition au président et demande la clémence pour sa mère.

Ce soir-là, Helvi pèle des pommes de terre pour le dîner. Elle est très impliquée dans la vie de la prison et prend plaisir à faire la cuisine. Aujourd'hui, elle servira des pommes de terre, des légumes et du poisson ; un menu qu'Ulla aimait quand elle était enfant. En ce temps-là, un simple repas faisait le bonheur de sa fille. Helvi sourit à cette pensée et espère qu'Ulla retrouvera enfin sa joie de vivre. La porte de la cuisine s'ouvre, la ramenant au présent. C'est Markus. « Bonsoir, Helvi ! Que dirais-tu de faire tes bagages et de rentrer chez toi ? » Helvi laisse tomber l'éplucheur de pommes de terre. Markus aime faire des blagues, mais il ne plaisanterait jamais au sujet de leur détention. Pleine d'espoir, elle le regarde. « Le président t'a graciée ».

Et en effet, le président finlandais Martti Ahtisaari a tenu compte de la pétition, mais sa décision est restée secrète. C'est pourquoi, lorsque Helvi se présente à la porte de sa maison ce soir-là, Ulla fond en larmes. Sa mère la prend dans ses bras pour tenter de la calmer. Mais Ulla la rassure : « Tout va bien, maman. Cette fois, ce sont des larmes de joie. »

CHAPITRE 2

L'éleveur de vaches

L'avis, court et sec, avait fait l'effet d'une bombe. Une vente aux enchères forcée allait avoir lieu en Carélie du Nord. Il s'agissait d'un chalet d'été délabré, une construction typique toute en bois proche d'un lac idyllique. Le propriétaire y avait manifestement pratiqué l'agriculture et élevé des bovins, car une machine à traire d'une marque renommée était explicitement mentionnée dans l'inventaire. Le nouveau propriétaire l'achèterait avec le reste.

La vente forcée était programmée en raison des dettes de l'ancien propriétaire. Il avait par exemple une dette de 28 euros auprès de la compagnie d'électricité, qui devait être remboursée par le bénéfice de la vente aux enchères. En outre, le propriétaire devait d'autres dommages et intérêts ; sans plus de précisions.

Ce n'est ni l'annonce d'une simple vente aux enchères, ni le montant de la dette qui ont fait grand bruit. C'est le nom de l'éleveur qui en était propriétaire qui a transformé cette vente en une affaire du plus grand intérêt. Ce dernier était en effet une célébrité en Finlande. Une célébrité de la pire espèce. Aujourd'hui encore, cette affaire reste un mystère. Comment une telle chose a-t-elle pu se produire au vu et au su de tous ?

La première offre faite lors de la vente aux enchères en ligne était symbolique. Elle montre cependant ce que les gens pensent de ce criminel. La somme proposée s'élevait à 666 euros. Le chiffre du diable.

Pekka Tapani Seppänen est né en 1965 en Carélie du Nord, à Kontiolahti. Cette année-là est marquée par des bouleversements. Le célèbre homme politique britannique Winston Churchill décède, le militant américain des droits civiques Malcolm X est assassiné à New York et, plus tard dans l'année, la guerre du Vietnam prend un nouveau tournant. Mais dans le Grand Nord reculé de la Finlande, on ne s'occupe guère de ces événements. Le père de Pekka est agriculteur et il éduque sévèrement son fils. Les sévices ne sont pas rares. Mis à part cela, tout se passe bien.

Dès son plus jeune âge, Pekka développe une préférence marquée pour les bovins. Les vaches calmes et sereines, avec leurs doux yeux remplis d'âme, le fascinent. Il a à peine huit ans qu'il cherche toutes les occasions de les observer. Il va presque tous les jours dans des fermes des environs pour approcher ces animaux, les étudier et passer du temps avec eux.

En revanche, à l'école, ça marche moins bien et l'enfant ne développe pas un grand enthousiasme pour les études; il en sera ainsi tout au long des années d'école obligatoire en Finlande. Pekka quitte finalement l'école à 15 ans et ne poursuit pas d'études secondaires. Son souhait est clair : il veut devenir agriculteur, avoir une ferme et élever des vaches.

Cet objectif, Pekka le poursuit avec passion, et il faut dire qu'il a un bon coup de main pour l'élevage. Au bout d'un certain temps, cet homme de 1,83 mètre à la carrure solide et aux boucles blondes devient même une petite célébrité dans le milieu. Lors des concours, il obtient de nombreuses distinctions et primes pour ses vaches. C'est avec une grande fierté qu'il collectionne les trophées dans sa ferme. Au moins au début... car, au bout d'un moment, l'enthousiasme de Pekka pour les vaches semble s'essouffler et sa vie prend une autre direction.

En effet, à côté des vaches, Pekka a une autre passion : il adore nager, et il le fait très bien. Il est tellement à l'aise dans l'eau pourtant froide de la station balnéaire locale, que les autres nageurs assurent qu'il est là dans son élément. Avec les années, Pekka deviendra plus lourd et plus trapu, mais il restera un excellent nageur.

On ne sait pas exactement quand Pekka a commencé à boire. Il aurait pu mener une vie agréable et sans souci, car ses affaires marchent bien et il reçoit de nombreuses subventions et aides de la part de fonds finlandais et de l'Union Européenne. Outre sa résidence principale, la ferme de Kontiolahti, Seppänen possède une autre ferme et il profite d'une maison d'été au bord d'un lac voisin. Cette dernière appartient en fait à sa mère, mais il en dispose à sa guise.

Ce fermier prospère, qui se promène chemise grande ouverte et grosse chaîne en or autour du cou, ne fait pas partie des personnes les plus appréciées. Nombre de ses voisins ont même peur de lui et font tout leur possible pour l'éviter et ne surtout pas s'y frotter.

Il devient aussi une célébrité auprès de la police locale. Avec le temps, Seppänen a de plus en plus de problèmes avec la loi. Il s'agit en général d'infractions au Code de la route, auxquelles s'ajouteront plus tard des problèmes liés à ses animaux. En effet, quand Pekka commence à négliger son bétail, l'office vétérinaire ne peut pas fermer les yeux. L'agriculteur est averti qu'il doit modifier les conditions d'élevage de son bétail, mais il ignore tout bonnement ces recommandations. Les vaches étaient tout pour lui autrefois, mais l'intérêt pour les animaux a diminué d'année en année et Seppänen s'est tourné de plus en plus vers une autre source de revenus : l'alcool! Et plus précisément les alcools forts.

Jusqu'en 2019, la Finlande était très restrictive en matière d'alcool. La vente des spiritueux était le monopole de l'État et les prix dans les magasins autorisés étaient extrêmement élevés. Même les personnes de plus de 22 ans ne pouvaient pas acheter de boissons dépassant les 22 degrés. Cette tentative désespérée du gouvernement de protéger les Finlandais d'eux-mêmes avait toutefois assez peu de succès. Un Finlandais sur

16 est alcoolique. Plus de 1 000 personnes meurent chaque année d'alcoolisme, simplement parce qu'elles boivent jusqu'à en mourir.

Les personnes qui vivent à proximité d'une frontière font leurs courses dans les pays voisins où la réglementation est moins stricte, et vident les rayons d'alcool. C'est en tout cas ce que fait Seppänen. Il se rend régulièrement en voiture de Kontiolahti à la frontière la plus proche pour acheter des cartons entiers d'alcool fort à bas prix, de la vodka de préférence. Parfois, il fait jusqu'à cinq voyages par jour. Mais Seppänen n'en boit que très peu lui-même, bien qu'il aime boire de temps en temps et qu'il supporte bien l'alcool. Là, il s'agit d'affaires, car ces achats en Estonie ou en Russie, d'une valeur de 13 000 euros, sont destinés à ses « amis ».

De plus en plus en effet, Seppänen est entouré de personnes souffrant d'une addiction à l'alcool. Il profite de la situation sans avoir de problème de conscience. Il agit toujours de la même façon : il invite des gens chez lui à Tohmajärvi, pour prendre un verre. Le lendemain matin, après une soirée bien arrosée, il présente à la personne une facture exorbitante pour l'alcool qu'elle a bu. Et il se montre très insistant quant au règlement…

Pekka « confisque » tout simplement la carte bancaire de certains de ses « amis » et s'en sert pour retirer de l'argent. Au total, cela représente environ 9 500 euros. Une de ses « amies » femme ne peut pas payer, il exige qu'elle se prostitue et passe des annonces pour elle dans la presse régionale. Les choses se passent à Tohmajärvi où l'éleveur possède une petite maison datant des années 1950, à environ cinq kilomètres du centre-ville. Il prend l'argent des clients de la femme pour, soi-disant, payer la dette qu'elle a envers lui. Mais comme elle est très dépendante de l'alcool, elle en a constamment besoin. Ce cercle vicieux arrange bien les affaires de Seppänen. Pourtant, la femme ne dépose pas de plainte contre son proxénète. Ce serait pourtant facile, du moins d'un point de vue juridique, car si la prostitution n'est pas un délit en Finlande, le proxénétisme est en revanche sévèrement puni. Et Seppänen ne fait rien d'autre que de la forcer à se prostituer pour lui.

Tout le monde a peur de Seppänen et personne n'ose s'opposer à lui. Il impose ses intérêts personnels et il est froid, brutal, extrêmement vindicatif. En un mot : impitoyable. Ceux qui ne se plient pas à sa volonté doivent souffrir. On raconte qu'il torture les gens dans sa maison d'été de Viinijärvi.

Tous les « amis » de Seppänen sont alcooliques et dépendent de lui pour avoir de l'alcool. Ils savent aussi par expérience qu'il n'est pas bon de s'opposer à lui. C'est pourquoi, en 2007, les personnes qu'il a invitées dans la maison d'été de Liperi le suivent sans protester ni poser de questions lorsqu'il décide de faire une excursion au lac Myhkyränselä et de prendre une barque pour se rendre sur l'île de Suuri-Myhkyrä. Il ordonne et tout le monde fait sagement ce qu'il veut. Ce jour-là, les invités de Pekka, deux hommes et deux femmes, dont l'une est sa compagne de l'époque, sont de mauvais nageurs et ils sont ivres, ce dont il est parfaitement conscient. Sa compagne de l'époque nettement plus jeune que lui a une jambe dans le plâtre, mais elle n'ose pas résister. Plus tard, sa fille témoignera qu'il y avait une relation de dépendance entre Pekka et sa mère et que l'éleveur de vaches était responsable de la fracture de la jambe.

À travers la forêt épaisse, les cinq personnes se dirigent vers le ponton où la barque est amarrée. Le lac est parfaitement calme, et lorsqu'ils montent dans l'embarcation, elle vacille sous leur poids. Ils s'assoient avec précaution puis Pekka largue les amarres. L'éleveur de vaches dirige la barque vers l'îlot au milieu du lac en donnant de puissants coups de rames. Plus le bateau s'éloigne de la rive, plus la vue est belle. Le lac est entouré de grands arbres d'un vert intense, l'eau est lisse et argentée comme un miroir, aucune ride ne vient troubler la surface. Seule la petite vague d'étrave à l'avant de la barque agite un peu le lac. Le temps est idéal pour une telle excursion et l'ambiance entre les passagers est de plus en plus joyeuse et détendue, jusqu'à ce que l'inattendu arrive. Soudain, Pekka Seppänen, grand gaillard à la carrure imposante, se met à faire tanguer le bateau. Avec tout le poids de son corps, il se projette à plusieurs reprises de droite à gauche.

Ses invités, toujours en état d'ébriété, pensent d'abord qu'il s'agit d'une mauvaise blague et ne comprennent pas vraiment ce qui se passe. Mais lorsqu'ils réalisent ce qui se passe, ils supplient désespérément Seppänen d'arrêter ! Mais rien n'y fait. L'éleveur continue de faire tanguer la barque de plus en plus fort, jusqu'à ce qu'elle finisse par chavirer ! Paralysés par la peur, les quatre amis tombent dans l'eau qui se referme au-dessus de leurs têtes dans un grand clapotis.

Ils remontent à la surface quelques instants plus tard, terrorisés et à bout de souffle. Aucun des quatre n'est un bon nageur, et la compagne de Seppänen est même très handicapée par sa jambe dans le plâtre. Paniqués, ils tentent de garder la tête hors de l'eau et luttent pour leur survie. N'importe qui aurait essayé de sauver ses amis et de les mettre en sécurité, mais pas Seppänen. Il semble complètement indifférent. Il nage en direction de la plage. Ce n'est que lorsqu'il remarque que des promeneurs viennent en aide à ses amis en détresse qu'il fait demi-tour.

Mais ce sauvetage in extremis est loin d'avoir soldé l'affaire. La police, quand elle arrive enfin, est très surprise. Seppänen est d'excellente humeur et fait même des blagues. Alors que ses quatre invités racontent l'accident de façon presque hystérique, lui est parfaitement détendu. Il fait des remarques amusées et ses explications paraissent tout à fait plausibles. Il affirme qu'il a fait une erreur, car il n'utilise que très rarement un bateau à rames et ne sait donc pas le manier correctement. C'est pour cela que la barque s'est mise à tanguer et qu'elle a finalement chaviré…

Comme Seppänen est le seul à être à peu près sobre lors de l'alcootest (0,01 %), les policiers croient sa version des faits même si les récits des personnes sauvées de justesse, qui ont toutes une alcoolémie comprise entre 3 et 4 %, sont très différents. Aucune plainte n'est déposée et l'incident ne fait pas l'objet d'une enquête plus approfondie.

Une erreur de la police? Des voisins habitant Tohmajärvi disent avoir vu Seppänen en barque à plusieurs reprises sur le lac. Cette partie de son témoignage aurait donc pu être facilement vérifiée. Mais les policiers n'ont pas cherché plus loin.

Trois ans plus tard, en 2010, Jussi H. entre dans la vie de Pekka Seppänen et cette rencontre va révéler une autre facette de l'éleveur. Jussi est un grand et beau jeune homme qui vit heureux avec sa petite famille. Il a un petit garçon qu'il adore et il s'est fait tatouer son nom sur le bras en signe d'amour. Tout est parfait, jusqu'à ce que la vie de Jussi bascule sans qu'il s'en rende compte et que les coups du sort se succèdent. Son père meurt suivi, peu de temps après, par son petit garçon bien-aimé. Le sol se dérobe alors sous les pieds de Jussi qui tombe dans un abîme sans fond. Il commence à noyer son chagrin et son désespoir dans l'alcool. À la fin des années 90, Jussi a en outre dérapé et commis quelques petits délits. L'ancien père de famille heureux a été condamné pour cambriolage, escroquerie, vol et coups et blessures. Mais il s'est repris peu à peu et il vit dans un foyer où il attend d'obtenir un nouveau logement et la possibilité de commencer une nouvelle vie rangée. Le jeune homme a 32 ans lorsqu'il rencontre Seppänen qui en a 45.

Seppänen est immédiatement attiré par Jussi, et comme toujours, il ignore toutes les limites. L'éleveur de vaches a invité le jeune homme à faire la fête chez lui et Jussi perd connaissance après quelques verres seulement. Il ne revient à lui qu'en sentant une douleur lancinante. Seppänen l'a maîtrisé et est en train d'abuser de lui sexuellement. Lorsque Jussi lui demande d'arrêter, Pekka se contente de ricaner.

À partir de là, Pekka considère Jussi comme sa propriété. Vu de l'extérieur, tout se passe comme si les deux hommes entretenaient une relation, car Jussi vit avec Pekka à la ferme. Mais le jeune homme révèle à sa sœur que Pekka le retient prisonnier. Le fermier le menace, fait pression sur lui à plusieurs reprises et le drogue pour qu'il reste docile. Il le viole au moins une fois de plus. Comme Seppänen surveille le téléphone portable de Jussi et qu'il en viendra même à le confisquer par la suite, le jeune homme convient avec sa sœur d'un code afin de pouvoir lui envoyer un appel à l'aide en cas de besoin. Mais lorsque, dans sa détresse, il fait finalement usage de ce code, cela se termine par un fiasco. En mai 2010, Jussi porte plainte contre son agresseur pour viol, mais il retire sa plainte peu de temps après. Seppänen fait-il à nouveau pression sur lui ? Les faits constatés par la police sont valables, mais l'incident est rapidement classé, et ce malgré le fait que les parents du jeune homme se soient rendus au moins une douzaine de fois au poste de police de Kontiolahti pour demander de l'aide.

Les policiers ont-ils peur de Pekka Seppänen ? C'est ce que l'un d'eux avouera plus tard. En tout cas, c'est le cas depuis longtemps pour les facteurs du village. Les factrices, quant à elles, ne veulent plus se rendre à la ferme. Si un paquet arrive pour l'éleveur, on l'appelle pour qu'il aille le chercher sur place à la poste.

Jussi tente de s'enfuir, plusieurs fois. Il rentre dans des maisons et se cache sous le lit d'inconnus. Mais Seppänen parcourt les rues à sa recherche et le retrouve toujours. Jussi fait savoir en secret à sa sœur qu'il sera sévèrement « puni » pour sa faute. Un jour, Jussi est retrouvé grièvement blessé et il doit se rendre à l'hôpital local de Joensuu, apparemment sans l'autorisation du fermier. Celui-ci s'y présente en effet avec un ami. Les deux hommes tirent le blessé de son lit et l'emmènent avec eux. Une infirmière, horrifiée, appelle les secours qui ne voient aucune raison d'intervenir.

Peu de temps après, Seppänen présente un contrat manuscrit entre Jussi et lui, signé de la main de Jussi. Il y est précisé que Pekka peut le pénétrer « avec sa grosse queue » et « répandre sa semence dans son corps ». Bien que ce contrat soit particulièrement étrange, les policiers n'interviennent pas non plus à ce moment-là.

Quelques jours plus tard, Jussi s'échappe du centre de santé local, où Pekka vient le chercher. Une fuite vraiment volontaire ? Par la suite, Seppänen montre un SMS de Jussi dans lequel celui-ci lui demande de venir le voir pour boire une bière… Ce que les policiers ne savent pas c'est que Jussi n'est pas en possession de ce téléphone et c'est Pekka qui a lui-même envoyé ce message. L'agriculteur a-t-il déjà décidé que s'il ne peut pas avoir Jussi, personne d'autre ne l'aura ?

Le lendemain, des témoins voient Pekka et Jussi partir ensemble en bateau sur le lac. Jussi est très alcoolisé. Soudain, le bateau se met à tanguer et manque de se retourner. Finalement, il se redresse et les deux hommes continuent leur traversée. Du moins jusqu'à ce que, depuis la rive, les observateurs voient la barque recommencer à tanguer et chavirer. Cette fois, elle flotte, quille en l'air. Pekka Seppänen commence à nager en direction du rivage et Jussi, impuissant, est sauvé par des témoins. Mais ce n'est que partie remise et le destin du jeune homme est déjà tout tracé.

Le lendemain, vers quatre heures du matin, les voisins de Pekka sont brusquement tirés de leur sommeil. Dehors, au bord du lac, on se dispute bruyamment ! Puis ils entendent un cri glaçant, suivi d'un grand bruit d'éclaboussures.

Vers 5 h 25, Pekka compose le numéro des urgences et prévient que Jussi est mort. Il l'a retrouvé noyé. Mais la scène est très étrange, car il a la tête dans l'eau peu profonde, tandis que ses jambes se trouvent sur la rive…

Une nouvelle fois, aucune enquête n'est menée. Au lieu de cela, les policiers conseillent même aux proches de Jussi de garder la date et le lieu de l'enterrement secret, afin que Seppänen ne l'apprenne pas. Et en effet, l'éleveur de vaches va faire beaucoup d'efforts pour trouver la tombe de son

« compagnon ». Lorsqu'il y parvient, il enlève toutes les fleurs et plantes et les remplace par les siennes. Même dans la mort, Jussi doit lui appartenir. À lui seul. Entièrement et complètement.

En retour, ses concitoyens font tout pour éviter le fermier et son groupe d'alcooliques. Car l'homme continue de tisser autour de lui un réseau d'exploitation économique des personnes dépendantes et n'hésite pas à recourir à des violences sexuelles ou à l'intimidation. Lorsque quelqu'un s'oppose à lui sous quelque forme que ce soit, les représailles sont impitoyables. S'enfuir et le quitter est inacceptable pour Pekka, qui règne sur son entourage comme un tyran, et va jusqu'à forcer les gens à se prostituer pour qu'ils « remboursent » leurs dettes.

Tous ceux qui ont observé ces abus se sont demandé comment Pekka a pu ainsi continuer pendant des années. Était-ce parce que ses victimes étaient des personnes vivant en marge de la société ? Des alcooliques, des toxicomanes et des personnes mentalement déficientes qui étaient sous son emprise. Était-ce la stigmatisation qui les entoure qui explique que personne ne les ait aidés ? Les personnes concernées ont-elles considéré les victimes de Seppänen comme des personnes de seconde classe, qui n'ont pas le droit d'être protégées par la société ? Ou ferme-t-on les yeux sur la souffrance des plus faibles pour éventuellement se protéger soi-même ? Le fait est que des citoyens biens sous tous rapports, les fonctionnaires de la poste et même, semble-t-il, certains policiers vivaient dans la crainte de l'agriculteur.

C'est la seule façon d'expliquer qu'une autre « aventure » en barque en 2011 soit restée impunie. Cette fois encore, Seppänen part sur le lac avec deux amis hommes, accompagnés d'une femme. Son ami du moment, un jeune homme mentalement retardé, est également de la partie. Tous sont fortement alcoolisés. Comme lors du premier incident, Seppänen rame sur une centaine de mètres, puis, sans prévenir, fait tanguer le bateau qui finit par chavirer et le groupe tombe à l'eau.

Comme les fois précédentes, il nage jusqu'à la rive, sans même jeter un regard sur ses amis qui l'implorent désespérément de les aider. L'un d'eux, son compagnon du moment, ne sait pas nager. Deux personnes sont secourues in extremis par des témoins qui faisaient du bateau et ont entendu les cris de panique et le clapotis frénétique des bras. Mais l'ami de Seppänen se noie.

La même chose se produit en juillet 2014 : l'éleveur fait à nouveau une sortie en barque avec quatre personnes à Polijärvi. Il fait chavirer l'embarcation à une centaine de mètres de la rive. Trois de ses compagnons, et lui-même parviennent à regagner la terre ferme, le quatrième se noie alors que l'eau peu profonde arrive à peine aux genoux.

Avec cette troisième noyade dans l'environnement immédiat du fermier, la police ouvre une enquête sur ces nombreux accidents de bateau.

Plus d'un an plus tard, en 2015, Seppänen est jugé pour deux cambriolages et des délits mineurs liés à l'alcool. Il est également condamné en novembre à une amende par le tribunal de district de Carélie du Nord pour une infraction à la protection des animaux et il lui est interdit d'en élever pendant deux ans. Ces derniers temps, en effet, il ne s'occupait plus guère de ses chères vaches qui végétaient dans une étable sale et bien trop petite où elles n'avaient même pas un espace suffisant pour se coucher. Quand les vétérinaires lui ont demandé des comptes, Pekka a basculé dans une grande colère. Une de ses connaissances racontera plus tard que fou de rage, il a saccagé tous ses prix et récompenses. Il n'est plus rien resté, pas même la plus petite médaille. Seppänen a assuré que tout cela était terminé et que ça faisait partie de sa vie d'avant.

Sur les 10 à 20 vaches qui étaient dans l'étable à ce moment-là, plusieurs ont été tuées sur ordre du tribunal. La semaine suivante, l'ancien éleveur est placé en détention provisoire pour suspicion de meurtre, car les enquêtes de police menées depuis le printemps 2015 suggèrent des faits troublants : au total, huit personnes sont mortes dans sa ferme et dans sa maison d'été à Kontiolahti entre 2004 et 2014.

En outre, il est prouvé qu'il a menacé de mort au moins 15 personnes.

Pourtant, la chance n'abandonne pas le fermier. Son avocat parvient à le faire sortir de détention provisoire malgré la gravité des accusations. En effet, la Cour d'appel de l'est de la Finlande prend une décision radicale : dans l'affaire Pekka Seppänen, il n'y a pas suffisamment de preuves pour justifier une détention préventive. Il ne représente pas un danger manifeste. Par conséquent, Seppänen est remis en liberté début 2016.

En réalité, c'est son procès fin 2016 devant le tribunal de district de Carélie du Nord qui révèlera toute l'étendue de ses crimes. Un procès qui non seulement met en lumière les atrocités commises par l'ancien éleveur, mais qui soulève également de nombreuses questions sur la manière dont les autorités ont agi en Carélie du Nord. Les policiers locaux l'ont-ils laissé faire pendant des années par crainte pour leur propre sécurité ? Voulaient-ils tout simplement éviter les problèmes ?

Dès le début du procès, quelque chose saute aux yeux : même au tribunal, Seppänen impose ses règles. Comme il l'explique aux juges, il se déguise systématiquement, pour ne pas être reconnu en public par peur d'être attaqué. Il doit expliquer la chose de manière crédible puisqu'il est autorisé à être méconnaissable lorsque les médias sont présents. Au début, Seppänen porte donc un grand bonnet de fourrure qu'il enfonce profondément sur son visage, ainsi qu'un manteau deux fois trop grand à col montant dans lequel cet homme corpulent disparaît complètement. Mais cet accoutrement doit devenir de plus en plus inconfortable au cours du procès, car ensuite il ne porte plus qu'une casquette de baseball, de grosses lunettes de soleil et une longue barbe noire. Quoi qu'il en soit, le vrai visage du fermier, auprès duquel tant de personnes ont perdu la vie, reste caché au public. Pour le tribunal, il va de soi que les droits de la personne doivent être respectés.

Le long casier judiciaire de Pekka Seppänen est également évoqué dans le cadre du procès. Il a commis des délits chaque année, sans exception depuis 2002. Dans le lot, on compte par exemple de nombreuses infractions au code de la route, des coups et blessures, des menaces et des délits liés à la protection des animaux. À plusieurs reprises, des injonctions ont été prononcées afin de protéger de lui d'autres personnes. Il est également frappant de constater que l'ancien fermier prête régulièrement sa voiture à des connaissances fortement alcoolisées. C'est à partir de 2004 qu'ont commencé les morts étranges dans ses propriétés et les malheureuses sorties en barque.

De nombreux témoins sont interrogés, mais beaucoup n'osent pas témoigner face à Seppänen. Au moins six plaignants et témoins demandent à faire leurs déclarations derrière un écran. Il semble qu'ils soient encore très impressionnés par l'accusé. Tous ont une chose en commun : tous, sans exception, insistent sur la peur que leur inspire le grand Pekka Seppänen et certains indiquent que même les policiers qui se sont rendus sur les propriétés à plusieurs reprises au cours de ces années ont parlé de leur crainte à son égard. C'est aussi la raison pour laquelle il n'a jamais été poursuivi.

Cette peur est à un point tel que l'un des témoins, un policier, préfère lui aussi rester derrière le paravent pour ne pas s'exposer aux regards de Seppänen. Dans tous les témoignages, le fermier est décrit comme extrêmement colérique et vindicatif. C'est un dominant auquel les autres se soumettent. « Cet homme est un psychopathe, un monstre ! », résumera un témoin dans une interview ultérieure.

Le verdict du tribunal dans l'affaire Pekka Seppänen est finalement prévu pour le 17 janvier. Comme l'homme est en liberté pendant toute la période du procès, il doit être emmené chaque jour à l'audience. Mais lorsque la police se présente à son domicile de Jaamankankaantie le matin du 17 janvier pour l'emmener au tribunal, une mauvaise surprise les attend. Ont-ils tout de suite un mauvais pressentiment lorsque Seppänen ne répond pas à la première sonnerie polie ? Leur faut-il un peu de temps pour comprendre ? La porte ne s'ouvre pas non plus lorsque la sonnette retentit plusieurs fois. Frapper ne sert à rien. Les appels et les invitations à sortir restent sans réponses. Tout est silencieux, il n'y a personne. L'ancien éleveur de vaches a pris la fuite à temps avant le prononcé du jugement.

Tout porte à croire que Seppänen a bénéficié d'une aide pour fuir ses responsabilités. Sa voiture se trouve sur place et n'a visiblement pas été utilisée depuis un certain temps. Apparemment, il a pu compter sur le soutien d'un de ses amis.

Pourtant, le tribunal décide de prononcer quand même le jugement en l'absence de l'accusé. Le verdict est de 14 ans et 6 mois de prison. En outre, Seppänen est condamné à 62 000 euros de dommages et intérêts. Dans les attendus du jugement, il est accusé de deux meurtres, d'homicide aggravé, de trois tentatives de meurtre, de violation de la législation sur l'alcool, de coups et blessures et de proxénétisme.

L'un des observateurs du procès, le professeur de justice pénale Matti Tolvanen, en ressort très irrité. En effet, ni l'homicide passif, ni la barque en tant que moyen d'action n'ont été abordés en détail au cours du procès. Au lieu de cela, Seppänen est finalement condamné pour négligence alors qu'il a délibérément fait chavirer des embarcations et n'a pas aidé ses compagnons dont il savait parfaitement qu'ils ne savaient pas bien nager.

Immédiatement après le verdict, Seppänen est activement recherché dans toute la Finlande. Dans ce contexte, l'engagement pris auparavant par le tribunal de Carélie du Nord de lui permettre de rester anonyme en public est annulé. L'image de Pekka Seppänen est partout dans les médias. L'homme fait la une des quotidiens. C'est un homme aux traits grossiers, au crâne carré et bombé. Ses cheveux sont rasés de près et il porte une barbe de trois jours. Ses traits trahissent le fait que la vie n'a pas été tendre avec lui et que l'alcool a laissé des traces.

Dans tout le pays, on se demande où pourrait se trouver le tueur. Certains pensent qu'il s'est suicidé, d'autres croient plutôt à une fuite en Russie ou même dans le sud de l'Europe. Mais la réalité est bien moins spectaculaire. Après trois jours de cavale, Seppänen est capturé le 21 janvier dans la ville voisine de Joensuu. Il est interpellé près de la place du marché, assis dans la voiture d'un ami. Il est resté à proximité des lieux de ses crimes.

Par la suite, une lutte acharnée s'engage autour de la condamnation de Pekka Seppänen. Son avocat fait appel de la décision. Il y aurait de sérieuses raisons de penser qu'il s'agit d'une erreur judiciaire. Cette fois-ci, l'audience a lieu devant la Cour d'appel de l'est de la Finlande et le tribunal examine l'affaire de manière encore plus approfondie. Une expertise psychiatrique est ordonnée et attendue avec impatience. On veut enfin comprendre pourquoi et comment Seppänen a pu commettre ses actes. Quel genre d'homme est-il ? Qu'est-ce qui le motive ? Est-il lui-même victime d'un traumatisme et incapable de lutter contre des pulsions envahissantes ? Le résultat est décevant. Les détails de l'expertise restent confidentiels et un seul fait est rendu public : Seppänen est pleinement responsable de ses actes. Il savait exactement ce qu'il faisait.

La cour d'appel confirme le jugement de première instance après avoir pris connaissance des nouveaux éléments. Dans ses motifs, elle souligne que cet homme est « dangereux pour la vie, la santé ou la liberté d'autrui » ; pour cette raison, il doit être tenu responsable de ses actes et purger la totalité de sa peine de prison.

Cela signifie la fin de toute demande de libération anticipée ou de mise à l'épreuve. Pekka Seppänen ne pourra bénéficier d'une libération conditionnelle qu'à l'expiration de sa peine, en 2030. L'homme, qui a 52 ans à ce moment-là, restera en prison jusqu'à cette date. L'ancien éleveur n'aura pas besoin de faire une demande de libération. Il sortira automatiquement de prison le jour où il aura purgé l'intégralité de sa peine.

Seppänen est incarcéré à la prison de Sukeva, à la frontière entre Pohjois-Savo et Kainuu. Selon son avocat, il s'est rapidement adapté à la vie de l'établissement pénitentiaire.

Toutefois, l'homme condamné pour plusieurs meurtres, ne s'avoue pas encore vaincu. En 2018, il laisse son avocat déposer une requête en deuxième instance auprès de la Cour suprême de Finlande pour contester le jugement. La demande est rejetée. Selon les déclarations de son avocat Seppo Hytönen, Pekka Seppänen a été déçu de cette décision.

Fin 2019, les créanciers de Seppänen se mettent d'accord sur une vente forcée de ses biens immobiliers à Kontiolahti et Tohmajärvi. Il doit plus de 130 000 euros aux victimes de ses crimes, aux proches et à d'autres personnes. Il a, en outre, d'autres dettes d'un montant de plus de 50 000 euros qui sont inscrites au registre des exécutions. Comme on pouvait s'y attendre, la vente aux enchères en ligne suscite un vif intérêt. Une offre de départ de 666 euros est mise en ligne pour cette petite ferme, qui n'avait jusqu'à présent pas fait parler d'elle en tant que scène de crime. Après quelques jours, début 2020, on compte déjà 18 enchérisseurs et 21 offres. Le prix : 30 200 euros. En contrepartie, l'acheteur recevra une propriété de 11,8 hectares au total, dont plus de six hectares de terres cultivables et le reste constitué essentiellement de forêts.

Pour encourager de potentiels enchérisseurs, l'annonce de la vente contient une clause spéciale : l'acheteur aura droit à une assistance officielle si Seppänen venait à se présenter sur place après la vente…

Certains témoins du premier procès ne veulent pas prendre de risques. Un témoin a changé de nom après le procès, un autre a déménagé aux États-Unis. De plus, jusqu'à présent, presque personne n'a osé dire publiquement quoi que ce soit sur Pekka Seppänen et ses actes en citant son nom.

CHAPITRE 3

Dans la nuit

(Par Marie van den Boom / Mordgeflüster der Podcast)

Le calendrier indique la date du 30 novembre 2006, un jeudi. À Ulvila, une petite ville à l'ouest de la Finlande, il fait relativement doux pour cette période de l'année. La température est juste au-dessus de zéro, seul le vent souffle assez fort par intermittence.

Jukka Lahti rentre vers 21 heures d'un voyage d'affaires qui l'a conduit à Turku, une ville un peu éloignée. Depuis quatre ans, ce père de famille de 51 ans est responsable des ressources humaines dans l'usine de cuivre locale qui fait vivre de nombreuses familles d'Ulvila et des environs. Et cela, depuis plusieurs générations, tant et si bien que l'usine fait partie de la vie quotidienne des habitants. Cet emploi a été un tremplin pour la carrière de Jukka et il a même quitté le nord du pays pour Ulvila avec sa femme Anneli et leurs quatre enfants.

Pendant le trajet en voiture, l'homme est plongé dans ses pensées. C'est difficile au travail en ce moment. L'entreprise va licencier plus de cent cinquante personnes et il est l'un de ceux qui doivent l'annoncer aux salariés avec le plus de ménagement possible. Autant dire qu'il ne se fait pas d'amis. On lui a déjà rayé sa nouvelle Opel Zafira. Mais ce n'est pas très important. Il n'a pas peur.

Plus il se rapproche d'Ulvila, plus la route devient étroite. Il distingue difficilement les nombreuses petites maisons individuelles qui bordent la voie. Toutes les mêmes avec leurs briques rouges, leurs revêtements en bois et les cadres des fenêtres peints en blanc. Ici et là, des trampolines dans le jardin, quelques affreuses chaises en plastique sur les terrasses et beaucoup de haies bien taillées.

Jukka arrive enfin chez lui. Sa maison est identique à celle de ses voisins. Il est 23 heures quand il tourne dans l'allée, heureux de retrouver sa femme, qui l'attend certainement, et les petits qui, il l'espère, dorment paisiblement dans leurs lits.

Il sort de la voiture, s'étire et lisse une dernière fois sa veste sombre. Il est debout depuis 6 heures ce matin et le trajet en voiture a quelque peu froissé son costume. Jukka fait très attention à son apparence. Il est toujours bien habillé, toujours soigné. On remarque sa mâchoire carrée, ses lèvres charnues et ses sourcils broussailleux. Il a aussi les cheveux très noirs.

Jukka approche de la porte d'entrée. Il n'y a pas de lumière à l'intérieur. Ce n'est rien d'inhabituel. La plupart des maisons du quartier sont aussi dans l'obscurité à cette heure-ci. Jukka ouvre la porte et pose comme d'habitude son téléphone portable sur la commode du couloir. Les portes des chambres des enfants sont fermées, les petits dorment déjà. Amanda, l'aînée, dans sa propre chambre et les trois petits, âgés de sept, quatre et deux ans, ensemble dans l'autre. Dans le couloir, il voit les calendriers de l'Avent. Demain matin, ce sera le moment de commencer le décompte. Cela fait des jours que les enfants attendent. Ils vont enfin pouvoir ouvrir la première fenêtre du calendrier.

Sa femme Anneli est déjà couchée. Le couple dort dans la pièce avec la cheminée, car Jukka utilise la troisième pièce comme bureau. À côté d'elle, sa fille cadette est endormie. Cela arrive souvent. La plus petite a beaucoup de mal à trouver le sommeil et réclame la proximité de sa mère.

La pièce est très exiguë. Les draps rouges auraient dû être changés depuis des semaines déjà. Mais depuis la naissance du quatrième enfant, Anneli n'arrive plus à assumer toutes les tâches ménagères.

Sa jolie femme aux longs cheveux bruns est couchée du côté du mur. Quand il était jeune, Jukka a été gravement blessé à la jambe dans un accident de la route et depuis, il lui est difficile de se glisser chaque nuit du côté du mur.

Lorsque la petite fille l'aperçoit, plus question de dormir. Elle se lève d'un bond et saute dans les bras de son père. Il la serre affectueusement, puis la ramène auprès d'Anneli dans le lit. Ensuite, il range le contenu du lave-vaisselle, sa tâche dans le ménage, et ramène la petite fille dans sa chambre une fois qu'elle est endormie. Peu après minuit, Anneli et Jukka s'endorment, blottis l'un contre l'autre. Toute la maison est sombre et silencieuse.

Ce qui va se passer alors tiendra les autorités finlandaises en haleine pendant la décennie à venir et fournira la matière de l'une des plus célèbres affaires criminelles finlandaises.

À 2 h 43 précises, le 1er décembre 2006, le téléphone sonne au centre d'appel d'urgence. Au bout du fil, une voix de femme totalement désespérée demande de l'aide. Un inconnu s'est introduit chez elle et a poignardé son mari avec un couteau. Il est couvert de sang. Pendant la conversation téléphonique, on entend l'homme blessé qui appelle désespérément à l'aide. La femme donne le combiné à sa fille et se précipite pour le rejoindre. La fillette implore également la femme du centre d'appel d'urgence. Il faut que les secours arrivent le plus vite possible pour aider leur papa.

« Papa, ne meurs pas », crie-t-elle.

La conversation téléphonique se termine au bout de quatre minutes et dix-huit secondes et les premiers policiers arrivent trois minutes et vingt secondes plus tard. Ce qu'ils trouvent est difficilement supportable, même pour des enquêteurs expérimentés.

Parmi eux, Juha Joutsenlahti. Ce policier de 52 ans travaille depuis trente ans au poste de police du village voisin. En fait, il est actuellement en vacances et il a en plus deux autres meurtres non élucidés sur son bureau. Mais lorsqu'il voit le nom de son collègue s'afficher sur son téléphone portable, il comprend immédiatement que ses vacances sont terminées. Râler ne sert à rien.

Il avance prudemment sur le lieu du crime. La vitre de la fenêtre de la terrasse a été brisée, des morceaux de verre jonchent le sol. À peine entrés dans la pièce où se trouve la cheminée, les agents voient des éclaboussures de sang partout, certaines atteignant même le plafond. Un drap ensanglanté est posé sur le lit, à côté d'une bûche sur laquelle il y a du sang. La victime gît sans vie à côté du lit.

Le corps est rapidement identifié. Il s'agit de Jukka Lahti, un père de famille de 51 ans. En s'approchant, on constate que son visage est complètement défoncé. Surtout sur la partie droite. Son œil droit sort de l'orbite. Le corps a reçu soixante-dix coups de couteau. Il n'y a aucun doute. De telles blessures ont été causées par des coups violents et barbares. Les personnes présentes sont sous le choc.

Sur le carrelage devant la cheminée, les policiers découvrent un couteau à fileter tordu, dont la pointe est cassée. La deuxième arme qui, d'après les blessures, a été utilisée, n'est pas retrouvée malgré des recherches intensives effectuées dès le matin avec des chiens renifleurs dans la zone résidentielle et les forêts avoisinantes.

En poursuivant l'examen de la scène de crime, les policiers découvrent des traces de pas sur la chaise en plastique qui se trouve sur la terrasse. Il y a également de petites traces de sang sur le rebord de la fenêtre, juste à côté de la porte de la terrasse donnant sur la pièce avec la cheminée.

D'après les premiers éléments de l'enquête, il semble qu'une personne de grande taille se soit introduite dans la maison en brisant la vitre de la fenêtre donnant sur la terrasse.

L'un des policiers demande à interroger l'épouse, mais on lui répond qu'elle est en route pour l'hôpital voisin. Elle aussi a été gravement blessée de deux coups de couteau à la poitrine.

Lorsque le commissaire Juha Joutsenlahti rencontre pour la première fois l'épouse de la victime, douze heures se sont déjà écoulées. Au cours de l'après-midi de ce 1er décembre 2006, Joutsenlahti entre dans la chambre de l'hôpital. Il ne sait pas ce qui l'attend. Devant lui, dans le lit, se trouve une femme pâle et fatiguée. Anneli Auer a eu de la chance de survivre au coup de poignard mortel qu'elle a reçu dans le poumon.

C'est avec peine que la jeune femme décrit à l'enquêteur le déroulement des faits tels qu'elle les a vécus : son mari et elle venaient juste de s'endormir quand elle a remarqué, malgré l'obscurité, que quelqu'un était dans la chambre et se penchait sur Jukka. L'inconnu l'a alors attaqué. Terrifiée et prise au dépourvu, elle a essayé d'aider son mari, et a même lutté avec l'agresseur, mais celui-ci lui a planté son couteau dans le torse. Cela lui a fait un mal de chien. Elle a immédiatement senti le sang couler de la blessure. Par réflexe, elle a sauté par-dessus un coffre à côté du lit et a pris la fuite. Dans la cuisine, elle a composé le numéro des secours. Peu après, sa fille aînée Amanda l'a rejointe et s'est cachée avec elle. Lorsque les secours sont arrivés, ils ont trouvé Anneli debout et immobile dans le salon. Peu après, elle s'est effondrée à cause de ses blessures.

L'enquêteur demande à Anneli si elle se souvient de l'apparence de l'agresseur. Oui, elle s'en souvient puisqu'il s'est précipité vers elle quand elle a allumé dans la pièce. Il portait un chapeau ou une veste avec une capuche sombre et avait les joues rouges. Elle estime son âge entre quarante et cinquante ans et sa taille autour de 1,80 mètre. Ce qui l'a frappée, c'est qu'il n'a pas prononcé un mot pendant tout le temps de l'agression.

Le policier veut savoir si Jukka avait des ennemis. Anneli n'en est pas sûre. Jukka n'avait-il pas parlé d'une menace? La voiture n'avait-elle pas été rayée récemment? Mais Jukka dramatisait beaucoup de choses, tout le temps, et elle ne pouvait pas le prendre au sérieux quand il disait des choses comme ça.

Dans l'ensemble, les informations d'Anneli correspondent à l'enregistrement de l'appel d'urgence. On n'y entend que les voix d'Anneli, de Jukka et de leur fille aînée Amanda. Lorsque Joutsenlahti s'apprête à partir, Anneli Auer est triste. Elle lui fait de la peine. Elle lui demande si les enfants peuvent voir leur père. Mais le commissaire répond par la négative et explique à quoi ressemble le visage de son mari. Ensuite, elle se tait et pleure.

De retour au poste, Juha Joutsenlahti se demande qui est la femme qui était devant lui à l'hôpital.

Les recherches menées par Joutsenlahti révèlent qu'Anneli Auer a rencontré son futur mari, Jukka Lahti en 1996. Tous deux travaillaient à l'époque dans une agence pour l'emploi à Turku. Anneli a alors 31 ans, elle est titulaire d'une maîtrise en sciences économiques et elle est en outre engagée dans une relation stable. Jukka est marié. Mais cela ne les empêche pas de tomber amoureux l'un de l'autre. Tous deux quittent alors leur partenaire et se marient peu après. Ensemble, ils auront quatre enfants au cours des années suivantes.

Le couple s'installe dans la maison d'Ulvila après que Jukka a accepté un emploi prometteur à l'usine de cuivre. Pendant ce temps, Anneli s'occupe du ménage et des enfants. Elle sait faire de la pâtisserie et elle gère un site web sur lequel on trouve des recettes, des idées de cadeaux et des conseils variés. Dans la rubrique «Trucs de bricolage», elle explique par exemple comment construire un mobile fantôme pour Halloween. Sur un autre site, elle donne des conseils minceur aux mères et présente fièrement en images les résultats de sa perte de poids. Sur un troisième site, elle lutte contre la discrimination des femmes au foyer en Finlande. Avec la publicité sur ses sites web, elle contribue substantiellement aux revenus du ménage. C'est important pour Anneli. Elle ne veut pas être « seulement » une femme au foyer et cette activité lui donne une certaine reconnaissance pour son travail de femme au foyer et de mère, qui est souvent fatigant et exigeant.

Anneli n'a guère de relations sociales à Ulvila. Pas même avec les voisins. Le couple vient d'ailleurs et reste toujours un peu à l'écart. Mais la raison principale, c'est la silencieuse Anneli. Les voisins n'aiment pas son attitude et personne n'a encore eu envie de l'inviter à prendre un café.

Pendant l'enquête, la police reçoit des dizaines d'informations de la part de la population qui dessinent un portrait très différent de Jukka Lahti. Le père de famille apprécié et ayant réussi professionnellement est décrit comme intelligent, mais dévoré par une ambition agressive. C'est pourquoi la plupart des gens pensent que ses collègues de travail sont peut-être derrière le crime. On raconte qu'il s'est moqué des collaborateurs licenciés.

Tout cela élargit évidemment le cercle des suspects. Sept cents hommes de son entourage et les proches fournissent des échantillons d'ADN. Ils sont comparés au sang que les fonctionnaires ont trouvé sur une bûche avec laquelle, selon Anneli, Jukka se serait défendu. C'est la piste la plus importante, car ce sang n'est pas celui d'un membre de la famille. Mais la désillusion ne tarde pas : les tests ne donnent aucun résultat. Des années plus tard, on découvrira que le sang provenait d'un enquêteur qui s'était blessé en travaillant sur la scène de crime.

En 2007, un voisin apporte un témoignage important. Il pense que l'agression lui était destinée, car il est professeur de théâtre et a vivement critiqué un ancien élève pour sa prestation. Selon lui, l'élève s'est trompé de maison.

Juha Joutsenlahti envoie alors une photo de l'élève par e-mail à Anneli Auer, car il n'a pas le temps de faire le trajet de deux heures pour se rendre chez elle. Anneli répond qu'il pourrait s'agir de l'homme en question. Elle le désigne également lors d'une séance d'identification. L'homme est arrêté… et relâché quelques jours plus tard. Rien en effet ne le relie au crime.

La presse a eu vent de l'affaire et la pression du public augmente. Mais les enquêteurs tâtonnent dans le noir complet, car rien ne colle vraiment. Ils interrogent les parents, les amis de la famille, les connaissances à la recherche de motifs. Infidélité, sexe, homosexualité, tous ces mots reviennent en boucle. Un enquêteur renommé d'Helsinki examine Anneli Auer, et conclut qu'elle n'a rien à voir avec cette affaire.

Le 1er août 2008, Joutsenlahti doit confier l'affaire à un autre enquêteur du département. Joutsenlahti voulait transférer l'affaire à la police fédérale, car il ne parvient pas à faire avancer l'enquête, mais les chefs de la police locale ne sont pas d'accord. Ils exigent une avancée de leur côté. Quel qu'en soit le prix.

Un an plus tard, Joutsenlahti entend une rumeur qui attire toute son attention. Une nouvelle qu'il ne peut d'abord pas croire : « Auer a avoué le meurtre de son mari ». Joutsenlahti est stupéfait. Il connaît l'affaire mieux que quiconque et s'il y a une chose dont il est sûr, c'est qu'Anneli Auer est innocente.

Il s'avère que le nouveau responsable d'enquête s'est très vite intéressé à Anneli Auer. Il a même engagé un médium et mis en doute le témoignage de la veuve éplorée. Pour lui, il est impossible que l'assassin ait pu passer par la fenêtre brisée. Celle-ci se trouve à près d'un mètre de haut et l'ouverture ne mesure que 58 sur 120 cm. De plus, des morceaux de verre dépassent.

Toutes les tentatives faites par les policiers ont montré que seuls les plus sportifs ont réussi à pénétrer à l'intérieur de la maison par cette ouverture et encore après plusieurs essais.

Pour vérifier leur hypothèse, les enquêteurs ont mis le téléphone d'Anneli Auer sur écoute et surveillent la maison. De plus, ils ont fait passer la veuve au détecteur de mensonges et elle n'a pas réussi le test. Mais il s'avère plus tard qu'il n'a pas été fait dans les règles et que le résultat ne peut pas être utilisé.

La succession des interrogatoires et le manque de sommeil fatiguent Anneli et elle est de plus en plus mal à l'aise. Le doute grandit d'interrogatoire en interrogatoire : est-elle vraiment sûre de ne pas avoir tué son mari ?

La forte pression psychologique finit par la faire craquer. Lors d'un des innombrables interrogatoires, elle déclare qu'elle est probablement la meurtrière, car il n'y a pas d'autre explication. Les enquêteurs considèrent cette déclaration comme un aveu et célèbrent cette avancée.

Quelque temps après, la fille aînée, Amanda, est conduite auprès de sa mère dans l'une des salles d'interrogatoire. Elle n'a que 12 ans à ce moment-là. Anneli Auer répète sa déclaration devant sa fille. Amanda désespérée n'arrive pas à croire ce qu'elle entend. Ses souvenirs sont-ils faux? Sa mère peut-elle vraiment être une meurtrière? Amanda refuse de le croire. Ce que dit sa mère ne peut pas être vrai. Elle pleure et dit à nouveau, en insistant, qu'elle a vu un homme.

Depuis ses aveux, les chances d'une libération rapide s'amenuisent pour Anneli. Elle est en détention provisoire et attend son procès. Celui-ci commence au début de l'été 2010 au tribunal de district de Satakunta. Le procureur décrit comment, selon lui, les faits se sont déroulés. Ce récit diffère fortement des déclarations d'Anneli Auer et de sa fille Amanda.

Selon ce rapport des faits, Anneli n'a pas dormi dans la nuit du 30 novembre au 1er décembre 2006. Elle est restée éveillée à côté de son mari. Finalement, elle s'est levée, a mis de l'ordre dans la cuisine et a réfléchi. Elle estimait que Jukka ne l'appréciait pas assez. Il pensait que ses sites web étaient une lubie ridicule. Lorsque son mari est arrivé dans la cuisine pour lui dire de venir se coucher, la conversation a dégénéré et s'est terminée par une dispute. Finalement, ils en sont venus aux mains. Auer a pris un couteau dans le placard au-dessus de l'évier et la dispute s'est poursuivie dans la pièce qui leur sert de chambre à coucher. Selon le procureur, la fenêtre a été brisée lorsqu'Anneli a lancé un objet lourd sur Jukka. Les cris ont réveillé Amanda, mais Jukka a renvoyé sa fille dans sa chambre et a tenté d'apaiser sa femme : « Calme-toi, Anneli ! » Mais elle ne s'est pas calmée et a poignardé son mari à plusieurs reprises avec un couteau. C'est alors qu'il est tombé. Anneli a composé le numéro d'urgence, croyant qu'elle l'avait tué. Mais Jukka n'était pas mort et elle a mis le combiné dans la main de sa fille Amanda avant de revenir en courant auprès de son mari. Là, elle l'a frappé deux fois à la tête avec un objet lourd. Puis elle est revenue au téléphone. Ensuite, Anneli Auer a retiré son peignoir ensanglanté et a probablement caché l'arme du crime dans le congélateur. Elle a enfilé un t-shirt rouge et s'est poignardée deux fois dans la poitrine pour faire croire que l'agresseur l'avait blessée. La police est arrivée peu après la fin de l'appel. Selon les enquêteurs, la bande sonore de l'appel soutient l'hypothèse de ce déroulement des faits, car on n'y entend pas de voix étrangère, pas de course sur des bris de verre, et encore moins une fuite par la fenêtre.

Malgré la tentative de l'avocat d'Anneli Auer de disculper sa cliente et de souligner les innombrables incohérences dans la version avancée par le ministère public, elle est condamnée à la prison à vie en juin 2010. Le tribunal conclut que cette femme méprisée a assassiné son mari. Mais cette condamnation ne fait pas l'unanimité parmi les trois juges. Deux d'entre eux sont convaincus de sa culpabilité et le troisième demande son acquittement.

Anneli finit par s'habituer à la prison. Seuls ses enfants lui manquent terriblement. Au fil du temps, elle devient pour eux comme une tante plutôt qu'une mère. Leur quotidien commun lui manque. Les moments de câlins et de réconfort. Plus personne ne l'appelle à cause d'une dispute. Les enfants vivent chez Ari, le frère d'Anneli, et sa femme. Il lui a promis solennellement de rester toujours à ses côtés.

Lors du procès en appel qui s'ouvre au printemps 2011, Anneli revient sur ses déclarations. Elle affirme qu'elle et son mari ne se sont jamais disputés et que, dans l'ensemble, ils avaient une relation très belle et harmonieuse.

Ce procès révèle aussi quelque chose d'incroyable. Anneli Auer apprend que la police lui avait envoyé un agent infiltré pendant quelques mois : Seppo. Oui, elle se souvient bien de lui, elle l'avait fréquenté pendant quelques mois en 2009. Il avait été formidable avec les enfants et ils avaient commencé à tomber amoureux, ils voulaient même emménager ensemble. C'est du moins ce qu'elle pensait, mais selon toute vraisemblance, elle s'était fait piéger. Quelle honte ! Avec le recul, elle note quelques incohérences. Seppo avait-il vraiment emprunté une hache un soir pour ouvrir sa porte bloquée, comme il l'avait prétendu ? Ou était-ce simplement parce qu'il pensait qu'il s'agissait de la deuxième arme du crime, celle qui avait disparu ? Malgré les efforts déployés, les enquêteurs n'ont pas pu prouver la culpabilité d'Anneli ni la disculper.

En fin de compte, le procureur s'en tient à son récit de la soirée du crime. Mais la cour d'appel décide cette fois à l'unanimité d'acquitter la jeune femme. À peine le jugement rendu, Anneli n'a qu'une envie : rejoindre ses enfants au plus vite. Elle est tellement heureuse de les revoir.

Mais les choses ne vont pas se passer ainsi.

Anneli reçoit une lettre du ministère public. Ce qu'elle lit la laisse sans voix. Elle secoue la tête, sans comprendre. Ce sont les déclarations de ses trois plus jeunes enfants, toutes plus absurdes les unes que les autres. Les enfants racontent des histoires de sadisme, de perversion sexuelle et de cruauté envers les animaux. Le frère d'Anneli les a filmés et a envoyé ces vidéos au ministère public.

Amanda n'apparaît pas sur les vidéos. Elle vit alors dans un foyer, car elle se sentait trop à l'étroit et surveillée chez son oncle et sa tante. En automne 2011, les policiers viennent la chercher en classe. Sa chambre et toutes ses affaires sont fouillées et son ordinateur confisqué. Elle est examinée par des médecins qui recherchent des coupures en forme de croix, que l'on aurait trouvées sur ses frères et sœurs. Il s'agirait de signes d'actes rituels.

C'est ainsi que quelques semaines après sa sortie de prison, Anneli Auer est à nouveau arrêtée. Elle est maintenant soupçonnée de maltraitance et d'abus sexuels sur ses enfants. Le verdict de sept ans de prison tombe en juin 2012.

Amanda ne comprend plus rien à ce qui se passe, elle pleure, elle est en colère. Elle est très proche de ses frères et sœurs et ne peut tout simplement pas comprendre leurs déclarations. Peu après, elle est emmenée chez un psychiatre et doit même passer une semaine dans un service fermé. Mais cela ne change rien à ses déclarations. Elle défend l'idée que les petits ont été influencés par leur oncle et leur tante. Fait étrange en effet, les histoires d'abus et de satanisme n'ont été racontées par les enfants qu'en 2011, soit cinq ans après le meurtre de Jukka Lahti. Le procureur flaire sa chance. Si Anneli Auer vénère le diable, abuse des enfants et torture les animaux, alors elle était capable d'assassiner son mari.

La presse s'en donne à cœur joie. Anneli est traitée de sataniste, de sorcière et de diablesse aux yeux bleus et froids.

Quant au ministère public, il poursuit imperturbablement son action et fait rouvrir le procès pour meurtre en 2012. En effet, les deux premiers jugements ont été annulés par la Cour suprême.

D'autres déclarations des enfants accablent gravement Anneli et Amanda. Alexander, âgé de 7 ans au moment des faits, affirme que sa mère et Amanda ont tué son père ensemble. Elles auraient enregistré les cris de Jukka et les auraient diffusés pendant l'appel d'urgence afin de faire croire qu'il était encore en vie. Alexander affirme s'être réveillé dans la nuit et avoir entendu, depuis sa chambre, la porte de la terrasse s'ouvrir ainsi que le ronronnement et le cliquetis du magnétophone.

Suite à ces déclarations et en pointant quelques autres incohérences, le ministère public augmente la pression sur

Anneli Auer. Une experte en sons décortique l'appel d'urgence seconde par seconde et l'analyse dans les moindres détails. Toute son interprétation est à charge.

Malgré le témoignage de l'enquêteur Juha Joutsenlahti en faveur d'Anneli Auer lors du procès, qui rappelle une nouvelle fois qu'il y a quelques indices, mais aucune preuve de sa culpabilité, Anneli est à nouveau condamnée à la prison à vie en 2013. Le jugement est très controversé. Le témoignage de l'enquêteur devant le tribunal va lui coûter sa carrière. Il est suspendu, et ne pourra réintégrer la police qu'au bout d'un an et demi. Mais au lieu d'enquêter sur des meurtres, il s'occupe maintenant des passeports et des permis de conduire. À la question de savoir s'il regrette d'avoir témoigné pour Anneli Auer, il répond par un non catégorique. Il le referait s'il le fallait.

Anneli continue elle aussi à se battre et fait appel. Même son avocat doute désormais du système juridique finlandais. Les frais de justice s'élèvent déjà à ce moment-là à 1,5 million d'euros, faisant de ce procès le plus cher de l'histoire juridique finlandaise.

En 2015, un nouveau procès en appel a lieu à Vaasa. Le tribunal met en doute les déclarations des enfants et le fait qu'Anneli ait simulé la tentative d'assassinat. Elle est donc acquittée pour la deuxième fois. Mais le ministère public s'obstine et ne veut pas se contenter d'un acquittement. Il demande l'annulation du jugement et insiste sur le fait que la Cour suprême doit prendre une décision. La crédibilité du système judiciaire finlandais est en jeu.

Finalement, la Cour suprême rend sa décision le 18 décembre 2015, soit près de 9 ans après la mort de Jukka Lahti. Elle maintient l'acquittement d'Anneli Auer qui avait été libérée peu de temps auparavant après avoir purgé sa peine pour les abus commis sur des enfants.

Anneli est incroyablement soulagée. Ce poids qu'elle portait s'est évaporé. Mais elle ne se réjouit pas pour autant. Après cette tragique comédie, Anneli Auer a perdu foi en la justice. On ne lui a pas seulement volé dix ans de sa vie, non, on l'a complètement détruite. Elle décide d'intenter une action en dommages et intérêts et réclame plusieurs centaines d'euros pour chacun des quelque six cents jours passés en prison. Et effectivement, en 2016, elle reçoit 545 800 euros de dommages et intérêts pour le temps passé en prison sur la base de soupçons de meurtre. C'est le montant le plus élevé qui ait été payé en Finlande.

Mais tout l'argent du monde ne suffit pas à guérir les blessures. Anneli se cache derrière des lunettes de soleil et vit très retirée. Tout le monde en Finlande connaît son visage qui est largement apparu dans les journaux.

Pendant et après le procès, Amanda a essayé de prendre contact avec ses frères et sœurs. Toutes ses tentatives sont restées vaines. Ils ne veulent pas entendre parler d'elle. Les efforts d'Anneli pour obtenir des informations sur la vie de ses enfants n'ont pas non plus été couronnés de succès. Elle ne reçoit pas non plus de nouvelles par l'assistante sociale qui suit les enfants, car ils lui ont interdit de donner à leur mère des informations sur eux et sur l'endroit où ils vivent.

Le meurtre de Jukka Lahti est certainement l'affaire criminelle la plus mystérieuse de l'histoire finlandaise et il reste à ce jour inexpliqué. Mais une chose est sûre : le meurtrier n'a pas seulement tué un homme, il a détruit toute une famille.

CHAPITRE 4

Les deux frères

L'index de l'homme s'agrippe de plus en plus à la gâchette. La crosse de l'arme repose lourdement dans sa main droite tremblante et glacée, tandis qu'il soutient le canon aux reflets bleus et noirs de l'autre main. Le fusil semble huileux, il a une odeur inhabituelle, surtout pour quelqu'un qui n'a jamais eu quelque chose comme ça entre les mains. L'arme pèse infiniment lourd dans les mains du jeune homme et ce poids l'entraîne vers le sol ; il résiste péniblement et s'arrête en chancelant un peu. Même si, à ce moment-là, il ne distingue que vaguement les autres dans l'obscurité de la nuit, il ressent leur présence si intensément que de minuscules poils se dressent sur sa nuque. Il a le souffle coupé lorsque, de ses bras engourdis et lourds comme du plomb, il soulève davantage le fusil et place le canon presque contre la nuque de la personne. Il n'y a que dix centimètres entre la vie et la mort… Jusqu'à ce que, d'un seul coup, l'incompréhensible se produise.

Lorsqu'une femme d'âge moyen se présente au commissariat d'Oulu le 6 novembre 2018, il s'agit d'un cas de routine pour les policiers. Elle est visiblement anxieuse, alors qu'elle attend son tour. Lorsque les policiers lui demandent ce qui l'amène, la femme explique avec excitation qu'elle veut signaler une disparition. Son fils aîné, Tuomas Heikkinen, 24 ans, a disparu. Elle ne sait pas où il se trouve et ne peut pas non plus le joindre par téléphone. Cette explication ne suffit pas à inquiéter les policiers de service. En effet, un homme de 24 ans a sa propre vie, mais la mère, elle, s'inquiète pour des raisons bien précises. Tuomas et son frère Samuli, âgé de 20 ans, ont eu tous les deux des problèmes de drogue par le passé, et ils se sont déjà fait remarquer à plusieurs reprises. Mais il semble qu'ils avaient enfin réussi à se désintoxiquer. Jusqu'à la disparition de Tuomas, les deux garçons vivaient dans un foyer et il paraît que tout se passait bien. Tuomas était même devenu père d'une petite fille.

Mais maintenant, elle en est sûre, quelque chose de grave s'est produit ! D'abord, le comportement du jeune frère l'intrigue énormément. Il lui a demandé à plusieurs reprises d'aller voir la police au prétexte que la disparition de Tuomas doit être élucidée au plus vite. Mais lorsqu'elle lui demande ce qui s'est passé, Samuli se comporte de manière très étrange. Au début, il ne dit rien, se contente de secouer la tête. Puis il cite les noms de deux hommes puis écrit ces noms mystérieux sur un papier et le glisse dans une enveloppe. « S'il arrive quelque chose à Tuomas, voici les noms », dit-il en mettant l'enveloppe dans la main de sa mère. La femme tend alors l'enveloppe aux policiers interloqués.

Suite à ce récit inquiétant, la police d'Oulu place immédiatement Tuomas Heikkinen sur la liste des personnes disparues et commence les recherches. Au début, l'affaire est considérée comme l'une de ces nombreuses disparitions qui finalement se résolvent d'elles-mêmes rapidement. Mais les enquêteurs finissent par se dire que quelque chose ne va pas. En effet, après plusieurs semaines de recherche, il n'y a toujours aucun signe de vie du jeune homme. Personne ne l'a vu, personne n'a eu de contact avec lui. C'est presque comme si la terre l'avait avalé.

L'affaire devenant de plus en plus mystérieuse, les policiers envisagent une nouvelle et terrible possibilité : celle de la mort de Tuomas. Le jeune homme traînait depuis longtemps dans le milieu de la drogue à Oulu où il n'était pas un inconnu. Aurait-il replongé et oublié de payer sa drogue? Aurait-il contracté une dette auprès d'un dealer ou s'en serait-il pris à quelqu'un? Plus les policiers avancent, plus ils découvrent d'incohérences. Le commissaire Anti Palokangas reprend finalement l'affaire et commence à enquêter sur un possible meurtre.

En décembre 2018, une petite information déclenche une avalanche d'événements, et en particulier l'arrestation de quatre jeunes hommes. S'agit-il d'une pièce importante du puzzle de l'étrange disparition de Tuomas Heikkinen? Le communiqué de la police indique seulement que les quatre hommes ont commis un meurtre et qu'ils ont caché le corps dans une gravière du coin. Les suspects plaident non coupables. L'un des jeunes hommes est concrètement soupçonné de meurtre, de deux agressions graves et d'extorsion, mais le tribunal le laisse provisoirement en liberté.

Peu à peu, les enquêteurs mettent au jour davantage de détails. Ainsi, les indices s'accumulent pour indiquer que le meurtre a eu lieu dans la nuit du 6 au 7 octobre, dans une carrière d'extraction de gravier à la périphérie nord-est d'Oulu. La police suppose qu'il s'agit d'un acte prémédité. Presque comme si quelqu'un avait mis en scène une exécution, peut-être pour servir d'exemple. La victime aurait été emmenée vers 3 heures du matin dans une Audi A6 ou une Renault Laguna de couleur sombre vers la gravière du quartier de Soramontu, où le meurtre a eu lieu. Toutefois, aucune trace du corps n'a été trouvée malgré des recherches intensives dans la gravière. Il a manifestement été emporté après le crime, mais impossible de savoir où. Les suspects se taisent obstinément ou prétendent ne rien savoir. À Oulu, la gravière Jääli, est connue pour être un lieu parfait pour ceux qui ont de mauvaises intentions, car il n'y a pas de caméras de surveillance. Elle se trouve en plus dans une région vallonnée et très boisée, parfaite pour faire disparaître rapidement quelque chose qui ne doit plus jamais réapparaître.

Palokangas place beaucoup d'espoir dans les nez des chiens de recherche de cadavres mis à sa disposition par des postes de police de toute la Finlande. Jusqu'à cinq chiens sont mobilisés chaque jour, mais le rude hiver impose ses limites à la recherche d'un corps. Avant la fonte des neiges, le commissaire et ses collaborateurs n'ont aucune chance réelle de découvrir le lieu où il a été déposé. C'est pourquoi la police demande une nouvelle fois à la population d'Oulu de lui fournir des informations. Quelqu'un a peut-être observé quelque chose d'étrange pendant la nuit ? Ou bien a vu un véhicule sombre ? Ou bien a remarqué des bruits ou des personnes inhabituelles dans la gravière de Jääli ?

Mais le véritable coup de théâtre survient lorsque les noms des quatre jeunes hommes sont révélés au public en apportant une étincelle de lumière dans cette affaire confuse : Jani Rissanen, Harri Hietamäki, Jimmy Leinonen et Samuli Heikkinen. Tous âgés d'une vingtaine d'années, ils ont déjà commis des délits et sont donc connus de la police. Le nom de Samuli Heikkinen est un choc pour les Finlandais qui suivent l'histoire. C'est le frère cadet de Tuomas et il est soupçonné d'être impliqué d'une manière ou d'une autre dans la disparition de son frère.

Sur Internet, les discussions vont bon train sur les réseaux sociaux et dans les forums pour savoir quel rôle le jeune homme de 20 ans a pu jouer. Est-ce une coïncidence que Samuli, dont le frère a disparu sans laisser de traces, soit interrogé sur un éventuel meurtre ? Serait-il de mèche avec les meurtriers présumés de son frère ? Certains avancent que le jeune homme a pu servir « d'appât » pour Hietamäki et Leinonen afin d'attirer Tuomas dans la gravière. Que s'est-il vraiment passé ? Les rumeurs vont bon train, mais il manque toujours la pièce majeure du puzzle : le corps.

En janvier 2019, Jani Rissanen, l'un des suspects, est libéré. Le jeune homme assure de manière crédible qu'il n'était pas présent lors des faits. Il n'a fait que prêter sa voiture aux autres le soir en question et il n'a rien à voir avec toute cette affaire. Les autres continuent d'être interrogés avec insistance. Finalement, les suspects craquent et admettent que quelqu'un est effectivement mort dans la gravière, mais tous contestent la préméditation. C'est alors qu'un autre élément apparaît et il va marquer un tournant décisif dans l'affaire.

La recherche du corps reprend à la fonte des neiges et les choses, désormais, avancent rapidement. En effet, le 7 mai 2019, les équipes de recherche découvrent le corps d'un homme : il s'agit bien de celui de Tuomas Heikkinen. Le sort du disparu est désormais connu.

Hietamäki et Leinonen avouent avoir mis le corps dans un grand sac noir lesté de chaînes et l'avoir caché dans une zone forestière située à quelques kilomètres seulement. Plus précisément, ils ont immergé le sac dans une mare de drainage et l'ont ensuite lesté avec des pierres afin qu'il ne puisse pas remonter à la surface. Puis ils sont retournés à Jääli la nuit suivante et ont effacé leurs traces du mieux possible. La découverte confirme leurs dires.

Le procès devant le tribunal de district d'Oulu est attendu avec impatience par tous. Il est programmé pour la première semaine de l'été. C'est le 17 juin que commence l'un des procès les plus dramatiques de l'histoire criminelle finlandaise.

Dès le début, le meurtre mystérieux de la gravière a fait sensation. Au total, dix-sept infractions doivent être jugées ce jour-là et sept jeunes hommes d'Oulu sont sur le banc des accusés. Outre les délits liés à la drogue, ils devront répondre d'atteintes graves à la paix des familles, de privations de liberté dans des cas particulièrement graves, d'atteintes à la mémoire des morts, de délits liés aux armes à feu et de bien d'autres choses encore. Trois de ces hommes sont accusés du meurtre de Tuomas Heikkinen : outre Harri Henriek Hietamäki et Jimmy Johannes Leinonen, le jeune frère de Tuomas, Samuli, est également inculpé. Toute la Finlande attend avec impatience de savoir si l'histoire de Caïn et Abel s'est rejouée ici. Y a-t-il eu un fratricide ?

La salle principale du tribunal de Ratakatu n'est pas assez grande pour accueillir toutes les personnes impliquées, les gardes, la police ainsi que le public. Une autre salle a été trouvée au pied levé. Dans cette salle, le procès est diffusé en vidéo. Il doit durer quatre jours et la date du verdict n'est pas fixée. En outre, les différents délits seront traités à des dates différentes, le mercredi et le jeudi étant prévus pour le meurtre.

Pour ce procès pas ordinaire, la salle du tribunal principal a été aménagée de façon inhabituelle : un écran la partage en deux parties, de sorte que les accusés ne peuvent pas se voir. Les trois hommes accusés de meurtre sont assis devant, tandis que les places situées derrière l'écran sont réservées à ceux qui sont jugés pour des délits moins graves en rapport avec le meurtre.

Le procès débute de manière un peu chaotique : deux des personnes convoquées ne se présentent pas, une autre arrive en retard. Hietamäki, Leinonen et Heikkinen se couvrent le visage lorsque les médias sont autorisés à entrer dans la salle pour photographier et filmer. Mais ceux qui ont pu les voir ont été à la fois surpris et horrifiés. Tous les trois semblent être encore des enfants, surtout le blond Samuli qui, avec son visage rond, ressemble plutôt à un petit garnement. Une telle personne est-elle capable de tuer son frère, voire de l'exécuter de sang-froid ?

Le mince Hietamäki ressemble lui aussi à un adolescent, malgré ses cheveux blonds tirés en arrière, sa fine barbe de trois jours et le duvet qui lui sert de moustache. Leinonen lui a 25 ans et il a un gabarit nettement plus compact et un cou de taureau. Ses cheveux noirs sont hérissés, certainement une tentative de coiffure cool et moderne.

Dans son réquisitoire d'ouverture, le procureur demande que les trois accusés soient condamnés à de longues peines de prison. Il estime qu'il a été prouvé qu'ils savaient exactement ce qu'ils faisaient quand ils ont tué Tuomas Heikkinen de manière particulièrement brutale et cruelle dans la gravière de Jääli. Dans ses explications, il compare même cet acte à une véritable exécution. Il demande donc catégoriquement la prison à vie.

Jusqu'à ce jour-là, le public en était réduit à des bribes d'informations et à des spéculations sur ce qu'il s'était passé dans la nuit du 6 au 7 octobre à Oulu. On va enfin découvrir ce qui s'est exactement passé. Le tribunal récapitule les événements comme suit : Tuomas et Samuli avaient à nouveau des problèmes à cause de la drogue. Cette fois-ci, il s'agissait d'un sachet d'amphétamines d'une valeur de 2000 euros, qui avait apparemment disparu sans laisser de traces. On ne sait pas si les deux frères Heikkinen avaient détourné la drogue ou s'ils n'avaient pas pu payer leurs dettes à Hietamäki et Leinonen, les dealers. Le fait est que, cette fois-ci, les deux frères ont eu affaire avec les mauvaises personnes.

Le soir du 6 octobre, Tuomas et Samuli font la fête avec une amie et au moins une autre connaissance dans leur appartement de Tuira. Bien qu'il ne soit qu'entre 18 et 19 heures ce samedi soir, ils boivent déjà. La jeune femme, âgée de 19 ans, connaît les deux frères depuis longtemps. Elle était à l'école primaire avec l'un d'entre eux et a même eu une brève relation avec l'autre. Elle a déclaré à la police que depuis qu'elle le connaissait, Tuomas avait toujours des dettes envers quelqu'un.

À un moment au cours de la soirée, on sonne à la porte d'entrée. Il s'agit de trois hommes d'une vingtaine d'années que la jeune femme ne connaît pas. Ils expliquent qu'ils viennent voir les deux frères et elle conduit les visiteurs à l'étage, dans l'appartement.

Lorsque deux des hommes entrent dans le salon, Samuli et Tuomas, confortablement installés sur le canapé, deviennent blancs comme neige. Ils reconnaissent immédiatement Hietamäki et Leinonen. La jeune femme, qui pense que les deux dealers sont des amis des frères, se retire dans la cuisine avec son ami et le troisième homme, un acheteur présumé de la drogue qui a disparu.

Lorsqu'elle vient un peu plus tard dans le salon, elle est confrontée à une scène surprenante : les deux frères sont nus comme des vers. Complètement abasourdie, la jeune femme, qui s'est entre-temps fortement alcoolisée, demande ce qui se passe. La seule réponse qu'elle obtient est : « C'est pas pour les filles… »

Depuis la pièce voisine, elle entend les cris des deux frères qui sont violemment battus par les « invités ». Tuomas et Samuli reçoivent des coups de poing, puis sont à moitié assommés avec le couvercle des toilettes. Lorsque l'un des frères se rend en titubant dans la cuisine pour nettoyer le sang sur son visage, il demande de l'aide. La situation est terriblement effrayante et sinistre, comme l'indiquent les témoins de la scène, et les deux frères doivent vivre une angoisse inconcevable. « Je n'ai jamais vu quelqu'un avoir aussi peur », déclare l'un d'eux au tribunal. En revanche, Hietamäki et Leinonen ne semblent pas angoissés du tout. Ils ont l'air en pleine forme, se montrent très dominants et déterminés. Et ils sont prêts à mettre en danger la vie d'un homme.

Le récit que fait Hietamäki de ce qui s'est passé dans le salon glace le sang. Le traitement qu'ils font subir aux deux frères frise la torture. Ils sont nus, tremblants et morts de peur, et Hietamäki et Leinonen ont recours à des moyens radicaux et morbides pour les interroger sur la disparition de la drogue. Apparemment, ils disent aux frères que l'un d'entre eux mourra s'ils ne révèlent pas où se trouvent les amphétamines. Pour savoir lequel des deux, les dealers jouent à pierre-papier-ciseaux. Ils se placent l'un face à l'autre, l'un représentant le frère aîné, l'autre le cadet, qui a la plus grosse dette envers le duo.

« Pierre, papier… ! »

Pour Samuli, c'en est trop. Il a tellement peur de mourir qu'il panique et accepte de tuer son frère aîné s'il a la vie sauve ! Mais il ne peut ou ne veut toujours pas révéler où se trouve la drogue. Soudain, tout va se passer très vite. Les quatre hommes, les deux Heikkinens ainsi que Hietamäki et Leinonen, quittent l'appartement de Tuira. Les personnes réfugiées dans la cuisine voient que Samuli est complètement bouleversé. Puis, devant la maison, les quatre montent dans une Audi A6 de couleur sombre.

Il fait nuit, la voiture traverse Oulu en direction de la gravière Jääli à Soramontu, qui est à la fois très isolée et très vaste. Aucune caméra ne surveille le site. Celui qui vient ici est assuré d'être tranquille.

Sur place, les frères Heikkinen descendent de voiture. L'un des dealers les menace avec une arme pour qu'ils n'essaient pas de fuir. Tuomas est conduit au bord d'une fosse, tandis que Samuli se voit remettre un fusil. Cyniquement, ils exigent du jeune frère qu'il tienne la promesse faite dans l'appartement. Il doit abattre Tuomas tout de suite, ici et maintenant, sinon ils mourront tous les deux. Les deux dealers soulignent cette menace en montrant les armes qu'ils ont en main.

Les deux frères sont face aux minutes les plus douloureuses de leur vie. Samuli, sous l'emprise de la drogue, du stress et de l'alcool, doit décider qui doit mourir. Tuomas attend au bord de la fosse, tandis que derrière lui, on se dispute au sujet de sa vie. Et puis, le destin est scellé : Samuli lève le fusil et pointe le canon sur la nuque de son frère. Il appuie sur la gâchette.

Un cliquetis se fait entendre, mais le coup ne part pas ! Il n'y a pas de cartouche dans l'arme. Est-ce que l'espoir qu'il s'agisse d'une mauvaise blague renaît chez les frères ? Tout cela n'est-il qu'un test morbide ? Hietamäki explique qu'il s'agit en effet d'un test et qu'il voulait s'assurer que Samuli irait vraiment au bout de ce qu'il avait promis. Il charge alors le fusil, le remet dans les mains de Samuli et lui ordonne de tirer. Les dealers pointent leur arme sur le jeune Heikkinen. Et Samuli obéit. Pour la deuxième fois, il pointe le canon de son fusil vers son frère, qui lui tourne le dos au bord de la fosse et attend l'inimaginable. Il n'y a que dix centimètres entre la bouche du canon et la nuque de Tuomas.

Un coup de feu déchire alors le silence de la nuit. Tuomas meurt sur le coup. Exécuté par son propre frère.

Samuli laisse tomber son fusil et s'éloigne dans la nuit. Mais Hietamäki et Leinonen le récupèrent et le ramènent à Tuira. Dans l'appartement où les terribles événements de la nuit ont commencé.

Samuli ne dit rien à ses amis de ce qui vient de se passer. Il ne leur dit pas non plus où est son frère. Le jeune homme se contente de leur dire qu'ils ne doivent parler à personne de ce qui s'est passé ce soir-là. Il a terriblement peur de Hietamäki et de Leinonen, mais il ne peut rien dire à la police. Il sait ce que les dealers lui feraient subir. De plus, si quelque chose venait à être découvert, il serait le seul tenu pour responsable…

Le tribunal de district d'Oulu prononce le jugement début juillet. Hietamäki est condamné à 9 ans et demi de prison pour incitation à un homicide ainsi que pour d'autres délits mineurs. Leinonen, qui a toujours affirmé avoir certes été là, mais n'avoir pas activement participé à l'assassinat de Tuomas, écope de 10 ans et 2 mois. Il est accusé d'incitation à un homicide et de séquestration grave. En transportant le corps de Tuomas dans la forêt pour l'immerger dans la mare de drainage, il a en outre commis une atteinte à la mémoire des morts.

Mais c'est dans le cas de Samuli Heikkinen que le jugement fait vraiment sensation. Celui-ci a toujours affirmé qu'il a tiré sur son frère aîné en état de légitime défense. Sinon, il aurait été tué ou ils auraient été tués tous les deux. Samuli est condamné à cinq ans de prison, car pour le tribunal, il a bien commis un homicide, même si c'était dans une situation de contrainte. Il n'y a toutefois pas eu une situation de légitime défense au sens de la loi. Pour cela, la vie de Samuli aurait dû avoir plus de valeur que celle de son frère aîné. Le juge explique ensuite qu'on ne peut pas sacrifier une vie pour en sauver une autre.

De nombreuses personnes sont navrées pour Samuli Heikkinen. Elles ont du mal à suivre la motivation du tribunal d'autant plus que le jeune homme a l'air d'un enfant à l'annonce de la décision. La question de savoir s'il s'agissait, ou pas, d'une situation de détresse exceptionnelle revient sans cesse sur le tapis. Pour de nombreux observateurs du procès, la pensée de tuer son propre frère est inconcevable.

En outre, une autre question apparaît. Le procès a été bref. Tous les faits importants ont-ils été examinés en détail ? A-t-on ignoré des points qui auraient pu éclairer les choses d'un jour différent ?

La suite n'est guère surprenante : Heikkinen, Hietamäki et Leinonen font tous appel du jugement.

Fin février 2020, un nouveau procès débute devant la Cour d'appel de Rovaniemi. Ici aussi, comme dans le premier procès, un écran a été installé. Mais cette fois-ci, il sépare le malheureux tireur Samuli Heikkinen de Hietamäki et Leinonen.

Il est probable que la requête du procureur est une surprise pour les personnes présentes, car il reprend celle du premier procès et requiert à nouveau la prison à vie pour Hietamäki et Leinonen.

Pour sa défense, Samuli Heikkinen insiste sur le fait qu'il a été obligé de tirer sur son frère. Le tribunal n'a pas suffisamment pris en compte ce point à l'époque. Hietamäki assure au contraire que Samuli a pris de lui-même la décision d'abattre Tuomas. Leinonen et lui ont effectivement conduit les deux frères à la gravière, mais c'était uniquement pour leur faire peur. Il n'a jamais prévu de tuer quelqu'un et il a été choqué lorsque Heikkinen a appuyé sur la gâchette.

Pour sa part, Leinonen affirme qu'il n'a en aucun cas participé aux événements. En fait, il pensait que Hietamäki avait donné à Samuli une arme non chargée et il n'a pas remarqué que ce dernier avait chargé le fusil à un moment ou à un autre. Le fait d'être sur place ne signifie pas automatiquement que l'on est complice d'un meurtre, souligne l'avocat de Leinonen.

Un autre point qui n'avait guère été évoqué lors de la première audience est également soulevé. Selon Hietamäki et Leinonen, le témoignage de Samuli Heikkinen n'est pas fiable. D'une part, il l'aurait modifié à plusieurs reprises, se contredisant lui-même, et d'autre part, les deux frères se seraient violemment disputés et même battus avant de quitter l'appartement de Tuira. C'est peut-être pour cette raison que Heikkinen a décidé de se débarrasser de son frère aîné !

Une nouvelle fois, l'affaire est reprise depuis le début, mais en s'intéressant de plus près aux relations entre les quatre hommes. La mère des frères Heikkinen est d'abord appelée à la barre. Le récit qu'elle fait de la vie de ses fils est très touchant. Il s'agit de l'histoire de deux toxicomanes qui se sont enfoncés de plus en plus dans la communauté de la drogue très active d'Oulu et y ont rencontré des personnes très différentes d'eux. Les deux garçons avaient des dettes dans le milieu, ce qui leur a valu des problèmes. En 2018, un homme à qui ils ne pouvaient pas rembourser une somme importante les a même retenus contre leur gré dans son appartement pendant un certain temps. La mère de Tuomas avait alors reçu un message alarmant : « Maman, j'ai terriblement peur, je ne veux pas mourir ! » Elle avait alors alerté la police, qui avait libéré les deux frères.

Par la suite, Tuomas et Samuli n'ont plus osé quitter leur foyer pendant un bon moment. Leur mère leur apportait de la nourriture pour qu'ils n'aient pas à sortir.

Samuli ne lui a pas parlé de la mort de Tuomas, explique la mère, bien qu'ils se soient vus plusieurs fois durant cette période. Son fils lui aurait simplement demandé à plusieurs reprises de signaler la disparition de Tuomas. Un jour où il était particulièrement anxieux, il a écrit les noms des deux autres accusés et il lui a donné l'enveloppe en prononçant des mots inquiétants. Elle est allée immédiatement à la police. La mère n'a su ce qu'il s'était passé, et comment son fils aîné était mort, qu'après l'arrestation de son fils cadet.

Samuli Heikkinen est appelé à la barre après le témoignage de la mère. Il est visiblement bouleversé. Sa voix tremble, il ne peut retenir ses larmes. Il raconte à nouveau ce qui s'est passé dans l'appartement de Tuira : Hietamäki et Leinonen sont venus dans l'appartement à la recherche de la drogue disparue. Les deux hommes n'ont pas cru aux protestations d'innocence des frères Heikkinen. Pendant qu'il les frappait, Hietamäki a donné un coup au visage de Tuomas avec son arme et lui a demandé s'il fallait que quelqu'un meure pour savoir la vérité.

C'est à ce moment-là, raconte Samuli, que son grand frère a dit que les dealers devaient tuer celui qui avait le plus de dettes. C'était lui, Samuli. Comme il était horrifié, il a insulté son frère et une dispute a éclaté.

Finalement, les deux hommes ont été embarqués dans une voiture. Avant de démarrer, Hietamäki leur a mis une arme sous le nez et leur a dit de ne pas essayer de jouer les héros. La menace a été efficace, explique Samuli, et pendant tout le trajet jusqu'à Soramontu, les deux garçons, terrorisés, n'ont pas fait le moindre bruit. Lorsqu'ils sont finalement arrivés à la gravière de Jääli, Samuli a été traversé par une pensée : « Dans un endroit comme celui-ci, il ne peut rien se passer de bon… » Mais à ce moment-là, il ne savait pas encore à quel point il avait raison.

Les événements qui ont suivi sont également abordés plus en détail cette fois-ci. Hietamäki a d'abord cherché un endroit approprié dans la gravière où placer Tuomas. Il a ensuite mis directement un fusil dans la main de Samuli et a exigé qu'il tire. Mais il lui a d'abord donné un « bon conseil » : s'il tirait directement dans la nuque, Tuomas mourrait sur le coup.

Les larmes qui coulent sur son visage montrent à quel point ce souvenir bouleverse le jeune homme. Mais il poursuit en expliquant qu'il s'est approché de Tuomas et lui a demandé de le regarder. Une dernière fois, ils se sont pris dans les bras et Samuli, désespéré, a dit : « Je n'ai pas le choix ! J'espère que tu comprends ! » Et Tuomas a répondu : « Oui, je comprends… » Puis ils se sont encore dit : « Je t'aime. »

Sous le regard des deux autres, Samuli demande ensuite à son frère aîné de se retourner. Il ne peut pas tuer Tuomas en le regardant en face. Ses doigts tremblent, il appuie sur la gâchette, mais Tuomas ne tombe pas. Hietamäki charge alors le fusil avec une cartouche et le tend à nouveau à Samuli. Pendant tout ce temps, Leinonen se tient un peu derrière avec une arme chargée, pour faire comprendre qu'il n'y a pas d'issue. Samuli prend l'arme et ne dit rien. Les deux frères savent que cette fois, elle est chargée. Il appuie encore une fois sur la gâchette et cette fois, Tuomas s'effondre. Samuli rend le fusil à Hietamäki avant de s'enfuir, sous le choc, dans la nuit.

C'est une confession émouvante, et les personnes présentes doivent prendre un peu de temps pour s'en remettre. Heikkinen continue de pleurer. Pourtant, son récit des événements de cette nuit-là est-il exact ?

Hietamäki et Leinonen ont maintenant l'occasion de raconter à nouveau leur version de ce qui s'est passé dans la nuit du 6 au 7 octobre 2018. Et ce qu'ils racontent éclaire les événements sous un jour complètement différent. Ainsi, ils soulignent à l'unisson qu'ils sont allés à la gravière dans le seul but d'effrayer les frères. Quelques coups de poing devaient leur permettre de savoir où se trouvait la drogue. Leinonen affirme qu'il n'a absolument rien à voir avec la mort de Tuomas Heikkinen et que ce n'est que par pure stupidité qu'il s'est laissé convaincre d'aider à déplacer et cacher le corps.

Afin de le rendre crédible, son avocat lui pose une question : « Lui, Jimmy Leinonen, est-il capable d'agresser quelqu'un ? » La réponse ne se fait pas attendre : « Oui, toujours. Mais c'est complètement différent d'un meurtre. »

En ce qui concerne les armes présentes sur les lieux du crime, la version des deux dealers diffère également. Ils n'avaient qu'une seule arme sur eux, celle de Hietamäki. Après avoir entendu la dispute des deux frères au sujet de la dette, ils ont donné cette arme à Samuli pour qu'il tire un coup d'avertissement à son frère. Les deux hommes pensaient qu'il viserait la jambe ou le pied, mais à aucun moment ils n'ont voulu vérifier si Samuli tuerait Tuomas. Au contraire, ils ont été horrifiés lorsqu'il a placé le canon du fusil dans la nuque de Tuomas et a appuyé sur la gâchette !

Pour Leinonen, c'était encore plus choquant, puisqu'il pensait que l'arme de Hietamäki n'était pas chargée. C'est pourquoi il ne s'était pas posé de questions lorsqu'il avait dit à Samuli de tirer dans la jambe ou le pied de Tuomas pour lui donner une leçon. Pendant quelques secondes, le dealer n'a donc pas compris pourquoi le jeune homme était tombé. Puis Leinonen a compris et a demandé à Samuli pourquoi il avait fait ça, pourquoi il n'avait pas tiré sur un pied ou à côté ! Et Samuli avait fait cette courte réponse : « C'est mieux comme ça… »

Hietamäki a ensuite expliqué au tribunal que Samuli lui avait même crié dessus parce qu'il voulait absolument son arme. Tuomas devait absolument recevoir une leçon ce soir-là. Hietamäki lui a alors donné l'arme, mais il précise qu'il n'aurait jamais imaginé que Samuli Heikkinen tirerait sur son frère aîné. Il a été très choqué. « C'est arrivé si vite, souligne-t-il, que je n'ai même pas vu Samuli viser… »

Ce récit correspond-il aux faits qui se sont déroulés cette nuit d'octobre dans la gravière de Jääli ? Si oui, Samuli serait en réalité un fratricide assoiffé de vengeance. Quelqu'un qui saisit sans hésiter la première occasion de se débarrasser de son frère encombrant. À ce stade, c'est parole contre parole.

Le verdict de la cour d'appel est rendu le 22 avril 2020. Il est très attendu et de nombreux médias sont présents pour suivre la décision en direct et immortaliser les réactions des jeunes accusés. Le public dans son ensemble se pose toujours la même question : Samuli Heikkinen, qui a eu 21 ans entre-temps, ce jeune homme joyeux au sourire de gamin, est-il vraiment un meurtrier ? Derrière cette apparence inoffensive et naïve se cache-t-il un Caïn moderne, qui n'hésite pas à commettre un crime aussi grave que tuer son frère ?

Un épais silence règne dans la salle d'audience lors de la lecture du jugement. Tout le monde écoute, captivé.

Les juges de Rovaniemi ont décidé de modifier partiellement les jugements de première instance. Ainsi, selon la cour d'appel, il ne s'agit pas d'un homicide, mais d'un meurtre. Le jugement prononcé contre Samuli Heikkinen est maintenu. Les jugements de Harri Hietamäki et Jimmy Leinonen sont modifiés. Hietamäki est condamné à la prison à vie pour incitation au meurtre ainsi que pour d'autres délits mineurs. En revanche, la peine de Leinonen est réduite ; sa condamnation est désormais de 9 ans et 9 mois de prison pour complicité de meurtre.

La décision du tribunal fait sensation, surtout pour tous les observateurs du procès qui étaient convaincus de l'innocence de Samuli. C'est donc avec impatience que chacun attend les motivations des juges.

Ils commencent par Harri Hietamäki. Pour les juges, il est clair que son récit des événements ne peut pas être exact. Au contraire, la mort d'un des frères avait déjà été décidée lorsque les deux dealers sont arrivés dans l'appartement de Tuira. Hietamäki aurait agressé Tuomas Heikkinen dans l'appartement et un tirage au sort aurait ensuite été effectué pour déterminer lequel des deux hommes devait mourir. Le jeu de pierre-papier-ciseaux montre clairement que le meurtre était déjà décidé. Hietamäki aurait en outre tout arrangé dans la gravière de manière à ce que l'affaire ait l'air d'une exécution. Ce qui allait se passer dans la gravière devait servir à régler définitivement les problèmes avec les deux frères, tout en signalant aux autres qu'il valait mieux ne pas s'attaquer à Hietamäki et Leinonen.

Même si les versions des trois accusés sont très différentes, une chose est sûre pour les juges : Hietamäki a préparé son arme et l'a donnée à Samuli. En outre, Hietamäki a persuadé Samuli d'appuyer sur la gâchette et lui a même donné des conseils pour tuer. Toujours selon les juges, comme le jeune Heikkinen était sous l'effet de stupéfiants à ce moment-là et qu'il avait été traumatisé par les coups précédents, il se trouvait sans défense. Compte tenu de la mise en scène d'une exécution, il était évident pour tous que Samuli Heikkinen allait tuer son frère. C'est exactement ce que voulait Hietamäki et c'est ce qu'il a fait avec détermination et de manière extrêmement froide. C'est pour cette raison qu'il s'agit bien d'un meurtre.

Jimmy Leinonen est considéré comme le complice consentant de Hietamäki. Lui-même a admis devant le tribunal qu'il n'avait pas peur d'utiliser la violence si c'était nécessaire et c'est exactement ce qu'il avait fait ce soir-là, lorsqu'il avait frappé les frères dans l'appartement de Tuira et les avait intimidés dans la gravière. Dans l'appartement devant les deux jeunes hommes, il avait également discuté avec Hietamäki de celui qui serait abattu ce soir-là. Il est donc peu crédible que Leinonen ait été surpris lorsque Hietamäki a mis l'arme dans la main de Samuli. En outre, le tribunal est certain que Leinonen a vu Hietamäki charger l'arme et qu'il savait donc très bien ce qui allait se passer. Il n'a certes été que complice dans le jeu cruel de la gravière, mais ce qu'il a fait dans la nuit du 7 octobre, il l'a fait délibérément et en pleine connaissance des conséquences.

En ce qui concerne Samuli Heikkinen, les juges de Rovaniemi sont plutôt brefs. Ils sont conscients que les circonstances de cette soirée fatidique étaient vraiment exceptionnelles. Ils reconnaissent que Samuli était terrifié et ne maîtrisait pas complètement ses pensées en raison des produits qu'il avait pris. Samuli a néanmoins pris l'arme et mis fin à la vie de son frère Tuomas, sans que personne ne lui tienne la main et parce qu'il a finalement estimé que sa propre vie avait plus de valeur que celle de Tuomas. Et c'est précisément pour cette raison que les juges de la cour d'appel ne voient aucune raison de réduire sa peine.

Après l'énoncé du jugement, les trois condamnés, Harri Hietamäki, Jimmy Leinonen et Samuli Heikkinen, sont emmenés directement vers la prison. On ne sait pas encore si l'un d'entre eux fera également appel de ce jugement.

Entre-temps, le débat public sur le bien-fondé de la peine de Samuli Heikkinen s'est apaisé et l'affaire a quitté la une des journaux. Pour la mère, cette histoire ne finira jamais et elle a, finalement, perdu ses deux fils.

CHAPITRE 5

La prophétesse endormie

(de Fabian Maysenhölder/Secta Podcast)

Ce jour au cours duquel il va devoir se battre pour sa vie commence de manière très paisible pour Ernst Venelius. Au large de la ville de Kokkola, à l'ouest de la Finlande, c'est une journée glaciale de janvier 1924 qui commence. Mais pour un vrai Finlandais, le froid n'est pas une raison suffisante pour ne pas sortir en bateau à moteur. Ernst Venelius est un jeune homme robuste aux traits rudes. Il se réjouit de passer une belle journée avec sa sœur et son père qui l'accompagnent lors de cette promenade matinale en bateau. C'est un moment de détente bien mérité avec sa famille, loin de son travail de policier.

L'eau claire de la mer Baltique scintille sous le pâle soleil d'hiver qui vient de monter au-dessus de l'horizon il y a à peine une heure. Sous ces latitudes, le soleil se lève tard en janvier et les nuits sont très longues. C'est pour cette raison que Venelius aime tant ce moment de la journée que l'on nomme « l'heure dorée » en raison de cette lumière particulière qui accompagne le lever du soleil. Dans cette ambiance matinale magique, l'homme est dans son élément. Il se sent en harmonie avec la nature. Les embruns entourent le petit bateau. Il ferme les yeux, les gouttelettes d'écume retombent sur son visage. Le bateau longe la côte. Il est un peu moins de dix heures du matin.

Le jeune homme rouvre les yeux et son regard se promène sur la côte ensoleillée. Il respire à plein poumon l'air froid de l'hiver, tandis que les rayons du soleil réchauffent son visage. Soudain, une douleur fulgurante le traverse. Ce n'est qu'après que le son du coup de feu parvient à ses oreilles. Il est brusquement tiré de ses pensées. Que se passe-t-il ? Son père et sa sœur crient et il voit sa sœur basculer sur le côté. Le jeune policier n'arrive pas à éclaircir ses idées. Il titube vers l'avant du bateau alors que les coups de feu continuent. Tous les trois se baissent comme ils peuvent dans la petite embarcation. Ernst Venelius voit le sang couler de la blessure de sa sœur puis d'autres balles transpercent le bois fin de l'embarcation et le touchent. Avant qu'Ernst ne perde connaissance après le quatrième coup de feu, il entend son père crier à l'aide.

L'histoire de Maria Åkerblom commence comme celle d'une jeune fille tout à fait ordinaire en Finlande à cette époque. Elle est née le 14 septembre 1898 à Snappertuna, une petite ville au sud du pays. La famille est pauvre et Maria a huit frères et sœurs. Pendant de longues périodes, elle vit également chez son oncle, qui habite dans la ville voisine de Tamisaari.

Maria doit travailler très tôt. Au début du vingtième siècle, il n'est pas rare que les jeunes femmes s'engagent comme servante. C'est ce qu'elle fait et ce travail va marquer toute sa jeunesse. « Ordinaire, mais un peu imprévisible et sauvage » dira d'elle un employeur. Très tôt, il apparaît clairement que Maria est une jeune femme qui exige beaucoup d'attention et de soins. Dès son plus jeune âge, elle a le don de convaincre les autres de sa valeur et de les amener à faire ce qu'elle veut.

La religion joue un rôle important dans la vie quotidienne de la société de l'époque, en Finlande comme ailleurs. La famille de Maria et ses employeurs successifs font partie de l'Église évangélique luthérienne.

À l'âge de 18 ans, Maria tombe gravement malade et elle doit revenir chez ses parents dans sa ville natale. Apparemment, c'est si grave que sa mère dit aux voisins et à la famille de venir lui dire au revoir. Maria tremble de tout son corps et vit dans un état comateux. C'est terrible à voir.

L'un après l'autre, les voisins et les membres de la famille franchissent le seuil de la maison des Åkerblom pour voir une dernière fois leur fille mourante. On prie beaucoup. Personne ne sait ce qui va arriver. Elle est là, allongée depuis des semaines, malade, pâle et tremblante. Elle n'a pas dit un mot depuis des jours et les quelques sons qui sont sortis de sa bouche ne sont pas compréhensibles. L'un des visiteurs tient la main de Maria lorsqu'il sent soudain quelque chose. Le corps de la jeune femme devient glacé. Elle cesse de trembler. Elle reste là, elle est morte. C'est fini.

Mais non, Maria respire. Elle est juste inconsciente.

Puis elle ouvre les yeux et commence à parler. Tout le monde la comprend. Ce ne sont plus des paroles incohérentes. Maria dit qu'elle a reçu des messages de Dieu. La jeune servante est comme en transe. Elle parle de révélations divines. À la fin, elle annonce à l'assistance la date de son prochain prêche. C'est ce jour-là de février 1917 qu'il s'est passé quelque chose qui va marquer la suite de la vie de la jeune femme : Maria est devenue prophétesse.

Avec cet événement, Maria Åkerblom devient ce que l'on appelle une «prédicatrice endormie». Il s'agit de personnes qui prêchent dans un état de transe. Elles ne font pas de sermons comme on en entend aujourd'hui dans les églises de tout le pays. En raison de leur apparente inconscience quand ils prêchent, les paroles des prédicateurs endormis sont considérées par eux-mêmes et par ceux qui les écoutent comme des révélations divines directes. Même s'il existe quelques témoignages concernant des prédicateurs endormis hommes aux États-Unis, ce phénomène reste globalement limité aux femmes et à la Scandinavie du dix-neuvième et du début du vingtième siècle. Il n'est plus possible de dire aujourd'hui si la jeune Maria était au courant de ce phénomène. Mais comme des prédicatrices endormies étaient connues en Finlande avant elle, on peut supposer qu'elle en avait entendu parler.

Cet événement signe la naissance d'un mouvement religieux qui se formera autour des prédications de Maria et provoquera des remous dans toute la Finlande. La nouvelle de ce qui s'est passé dans la maison des Åkerblom se répand rapidement. De plus en plus de personnes se rassemblent autour d'elle ; de temps en temps, des adeptes d'autres prédicateurs rejoignent Maria. Tous veulent entendre ses révélations. C'est pour cette raison que la jeune fille commence à prêcher dans des églises, avec des éléments de la liturgie en toile de fond. Ainsi, les paroles de la jeune femme sont auréolées de l'autorité de l'église. En général, le pasteur ouvre le culte, puis on chante ensemble, et enfin Maria arrive pour faire ses révélations.

Bien que de nombreuses personnes participent aux services religieux, certains sont sceptiques quant au phénomène de la prédicatrice Maria. Parmi les sceptiques, son propre frère est fermement convaincu qu'elle souffre d'une maladie mentale. La jeune fille est donc placée dans un établissement psychiatrique privé. Mais elle n'y reste pas longtemps et à sa sortie, elle s'installe à Helsinki, la capitale, et recommence à prêcher.

L'année 1919 va apporter un nouveau disciple à Maria, âgée d'à peine 20 ans. Un homme fortuné, qui deviendra son adepte le plus fidèle, entre dans sa vie : il s'agit de Eino Vartiovaara, ingénieur forestier. Accompagné de sa femme, il vient l'écouter lors d'une séance de transe. Le couple est enthousiasmé par ce qu'elle fait et décide de mettre sa maison à sa disposition pour les prochaines séances de prédication. Peu de temps après, Eino Vartiovaara quitte son travail pour se consacrer entièrement à Maria et à son mouvement. La même année, Maria a une vision qui vient directement de Dieu. Elle explique que le couple Vartiovaara a reçu l'ordre divin d'adopter une jeune femme de 20 ans. À cette époque, la majorité est à 21 ans en Finlande. Le fait que Maria ait tout juste 20 ans n'est certainement pas un hasard. Bien que l'ingénieur et sa femme aient déjà trois filles biologiques, ils se laissent convaincre par la révélation divine et acceptent d'adopter Maria.

Dès lors, les gens commencent à parler et à répandre des rumeurs. Pourquoi les Vartiovaara adoptent-ils une fille presque adulte ? Qu'est-ce que cela signifie ? Ce qui se passe dans cette maison crée un malaise parmi les disciples de Maria. Certes, le flux de visiteurs qui viennent assister aux séances de transe ne se tarit pas, mais les gens viennent beaucoup par pure curiosité. Le mouvement de Maria Åkerblom ne fait guère de nouveaux adeptes à ce moment-là. Peu de temps après, Maria finit par convaincre sa nouvelle famille de déménager à Kokkola, une petite ville de la côte ouest de la Finlande.

Pour Maria, cette adoption est une aubaine. Elle n'est plus pauvre. Elle n'est plus domestique et elle a même une servante. Elle n'a plus à travailler. Elle peut faire ce qu'elle veut toute la journée. La jeune fille se concentre donc entièrement sur son activité de prédicatrice. C'est à Kokkola qu'elle connaît vraiment le succès. Entre 600 et 700 personnes se rassemblent parfois autour d'elle. Elle tient désormais ses séances de transe debout, et non plus allongée comme au début. Elle a besoin d'un soutien actif pendant les séances, car elle peut entrer en transe à tout moment. Lors des services religieux, elle s'effondre souvent d'un coup. C'est pourquoi un homme ou deux se tiennent toujours derrière elle pour la rattraper. Son père adoptif Eino Vartiovaara est presque toujours l'un d'eux.

Maria devient de plus en plus étrange. Les rumeurs qui circulaient déjà à Helsinki n'étaient pas inventées de toutes pièces. Les choses se compliquent pour la famille Vartiovaara. La jeune fille est de plus en plus exigeante : elle veut maintenant dormir dans la chambre de ses parents adoptifs et exige de recevoir de sa mère une éducation à la sexualité.

L'épouse de Vartiovaara devient de plus en plus méfiante. Elle se rend compte que son mari est totalement soumis à Maria. C'est pourquoi elle tente d'engager un fiduciaire pour gérer les affaires de son mari. Mais ça ne marche pas. Finalement, elle ne voit pas d'autre solution que de partir. Avec ses trois filles, elle quitte son mari et Maria. Mais comme elle ne sait pas où aller, elle revient peu de temps après. À partir de ce moment-là, elle va mener une vie de prisonnière dans sa propre maison. Les adeptes de Maria la font souffrir moralement et physiquement. Il y a toujours quelqu'un avec elle pour la surveiller. Les contacts avec ses enfants sont strictement réglementés.

Les gens sont fascinés par la charismatique Maria Åkerblom. Indéniablement, elle sait parler. Ses prêches à la résonance presque poétique captivent son auditoire. C'est précisément ce don qui la destine à diriger un mouvement religieux. Lorsqu'elle parle, la foule entre dans un état de sidération, oubliant l'environnement et le temps, tant elle est fascinée par ce que Maria raconte. Peu à peu, la jeune prédicatrice établit au sein du mouvement Åkerblom différents « niveaux » d'adeptes qu'elle sépare strictement les uns des autres.

Désormais, Maria ne prêche plus devant un large public, prétextant qu'il y a dans la foule quelqu'un qui est critique à son égard et qui la remet en question, ainsi que ses enseignements. Seul un petit cercle composé de ses adeptes les plus loyaux a désormais accès à elle et à ses révélations. C'est dans ce petit cercle que Maria rassemble ses fidèles disciples qui croient aveuglément à toutes ses paroles. Chaque membre de ce groupe doit en outre prêter serment sur sa vie de ne jamais trahir celle qui les guide. Le chemin pour atteindre ce dernier niveau est long et difficile.

À cette même époque, à Kokkola, ses disciples lui construisent une nouvelle maison. Ce sont eux qui fournissent l'argent, la main-d'œuvre et le bois nécessaires. « Le palais de Maria », comme on l'appelle, compte deux étages et 19 pièces. Comme le bâtiment est recouvert de goudron, une pratique courante à l'époque pour protéger le bois de l'humidité, certains l'appellent également le « palais de goudron ».

Il apparaît rapidement que la communauté soudée qui entoure Maria est loin d'être exemplaire. On ne sait pas grand-chose de ce qui s'y passe, mais certaines enquêtes judiciaires permettent de jeter de temps à autre un coup d'œil dans les coulisses.

En 1919, Maria et son père adoptif Eino Vartiovaara sont accusés d'avoir maltraité physiquement un garçon d'écurie. Ils sont condamnés ; il n'est pas possible aujourd'hui de savoir quelle a été la peine, mais une chose est passée à la postérité : lorsqu'ils ont quitté le tribunal après le procès, ils ont été accueillis par une foule sauvage et hurlante. L'ancien ingénieur forestier et sa fille adoptive ont été insultés et traités de tous les noms.

De tels événements sont des flashs qui montrent une facette de la communauté : la violence psychologique et physique fait partie du quotidien. Maria et Eino ne tolèrent pas les déviants et les critiques. Chacun doit suivre ce que disent les dirigeants sous peine de sanction. Tous les moyens sont bons pour rendre les disciples dépendants et obéissants.

Tous ces faits s'imbriquent comme les pièces d'un puzzle et donnent une vision de plus en plus sectaire du monde de Maria Åkerblom : il y a « les autres » contre « nous, les croyants ». Les confrontations qui conduisent Maria devant le tribunal sont de plus en plus fréquentes et sont le résultat de l'attitude sceptique du monde extérieur envers Maria et son mouvement. Elle-même et ses adeptes en sont convaincus : ils sont persécutés à cause de leur foi. Le groupe s'isole donc de plus en plus.

Quelle est la nature de l'étrange relation entre Maria et son père adoptif? Que se passe-t-il lors des réunions secrètes que Maria organise pour son cercle intérieur? Pourquoi la prédicatrice commence-t-elle soudain à organiser des réunions nocturnes et ce, principalement, avec des visiteurs masculins? Ce sont là quelques-unes des questions que se posent ses nombreux détracteurs qui étaient, déjà à l'époque, très critiques et sceptiques à l'égard du groupe. Ces questions n'ont toujours pas de réponse aujourd'hui.

Pour ce nouveau mouvement religieux qui s'est créé autour de la prophétesse endormie, l'imminence de la fin du monde ne fait aucun doute. Le mouvement Åkerblom se prépare à l'apocalypse. Les adeptes de Maria ne lui attribuent pas seulement le pouvoir de recevoir des messages prophétiques de Dieu, mais aussi celui d'accomplir des guérisons miracles. Ses adeptes pensent qu'elle a accès à Dieu et qu'elle en reçoit des indications sur des événements qui ne sont pas mentionnés dans la Bible.

Finalement, en 1922, un événement se produit, qui marque le début de la fin.

Avec son grand chien noir, Maria se promène sur un chemin près de Kokkola. Elle marche souvent dans la nature avec son chien. Ce jour-là, elle rencontre un fermier du nom de France Honka qui vient à sa rencontre sur un cheval. Honka sait que son cheval a peur des chiens, car il a déjà été mordu.

Honka tente donc d'éloigner sa monture. Lorsque Maria et son animal passent devant le fermier, il fait semblant de jeter une pierre sur le chien. À ce moment-là, Maria disjoncte. Elle sort une arme des profondeurs de sa robe et tire sur le cheval. Dans l'excitation du moment, le tir rate sa cible et personne n'est blessé.

Même si l'incident se termine bien, il met en marche un enchaînement d'événements impossible à arrêter. Honka ne porte pas plainte contre Maria, mais elle est néanmoins traduite en justice et un officier de police nommé Ernst Venelius va la poursuivre sans relâche. Le procès tourne à la farce : 20 témoins jurent sous serment que ce n'est pas Maria, mais le fermier qui a tiré les coups de feu. Ils affirment qu'ils cueillaient des mûres dans un champ voisin et qu'ils ont vu la scène. Tous sont des disciples de Maria.

Venelius est sceptique. Dès le début, cette affaire lui a semblé étrange. Il poursuit donc son enquête et prouve que la plupart des « témoins » se trouvaient à plusieurs kilomètres de là au moment des faits. Ils ont manifestement été soigneusement instruits sur ce qu'ils devaient dire au tribunal. Certains sont donc arrêtés pour faux témoignage sous serment, mais tous s'en tiennent pourtant à leur version de l'histoire. Le jeune enquêteur est dans l'impasse.

Néanmoins, l'hostilité publique à laquelle Maria Åkerblom et son mouvement sont confrontés ne cesse de grandir. Peu de temps après, Maria annonce dans une de ses prophéties que la ville de Kokkola va bientôt disparaître et que les élus de Dieu doivent partir vers la Palestine, la terre promise.

De nombreux adeptes vendent leurs biens et font don de l'argent au mouvement. Au printemps 1923, Maria et ses plus fidèles partisans, soit environ 220 personnes, se mettent en marche. Ils partent vers le sud. Mais la Palestine est loin, d'autant plus que leur exode s'arrête déjà à Helsinki. Avec l'argent des dons, ils achètent une propriété pour le groupe.

Même si la vie du mouvement est plus facile dans une grande ville, Maria accumule les délits. Elle est arrêtée pour avoir volé des tissus pour se confectionner des vêtements et elle va en prison. Certains de ses disciples sont aussi régulièrement condamnés pour des vols. Ils affirment, devant la police, qu'ils agissent sur ordre de leur « prophétesse ». Ils ne commettent aucun délit puisque l'ordre vient directement de Dieu.

Lors du vol des tissus, Maria produit à nouveau des témoins qui jurent qu'elle se trouvait ailleurs au moment des faits. Elle est quand même condamnée à plusieurs mois de prison.

La prédicatrice est fermement convaincue qu'elle et son mouvement sont victimes d'une conspiration. D'ailleurs, elle connaît le coupable, celui qui a mis le feu aux poudres. C'est Ernst Venelius, l'officier de police qui la harcèle de questions. Le jeune enquêteur n'était déjà pas bien disposé à son égard, mais maintenant, il veut en finir avec elle. Le procès concernant les faux témoignages sous serment de ses partisans à Kokkola est toujours en cours et entre-temps, des tribunaux nationaux ont repris l'affaire.

Est-ce à ce moment-là que la gourou de ce qu'il faut bien appeler une secte décide que l'encombrant Venelius doit disparaître ? Maria écrit des lettres à Eino Vartiovaara, son père adoptif et son plus fidèle adepte, qui lui est totalement soumis. Dans ces lettres, elle parle de révélations qui viennent directement de Dieu. Elle dessine un pistolet à côté des mots. C'est un message sans équivoque. Vartiovaara comprend.

L'ancien ingénieur forestier recrute un tueur à gages. Mais celui-ci prend l'argent et disparaît. Lors d'une deuxième tentative, les partisans de Maria mettent une bombe sur le bateau à moteur de Venelius, mais ils ne connaissent rien aux explosifs et la bombe n'explose pas.

En janvier 1924, la troisième tentative réussit. Quatre hommes masqués de la garde rapprochée de Maria sont à l'affût sur le rivage cachés derrière des entrepôts. Lorsque Venelius passe avec son père et sa sœur dans son bateau à moteur, ils ouvrent le feu. Quatre balles atteignent Venelius, deux sa sœur ; le père est indemne. Lorsque les plaisanciers, qui se trouvaient sur l'eau à ce moment-là, entendent les cris du père, ils se précipitent pour les aider.

Alors que les secours font leur possible pour sauver la vie des blessés, les quatre adeptes d'Åkerblom filent en douce. Venelius et sa sœur sont emmenés à l'hôpital dans une ambulance et sont opérés avec succès. Tous deux survivent.

Pendant ce temps, la police recherche activement les auteurs des tirs et les attrape à peine 48 heures après les faits dans une petite ville du centre de la Finlande. Lors de l'interrogatoire, les hommes déclarent avoir reçu l'ordre de tuer Venelius directement de Maria Åkerblom.

L'enquête sur cette affaire va s'étendre sur plusieurs années. L'étroite cohésion des partisans de Maria et ses mensonges successifs repoussent sans cesse la condamnation. Son père adoptif, Eino Vartiovaara, n'est arrêté que trois ans plus tard, soupçonné d'être complice du complot visant à tuer Venelius. À cette époque, Maria est déjà en prison en raison des accusations portées contre elle. Elle tente à plusieurs reprises de s'évader. Par exemple, lors d'un transport de prisonniers, elle demande à aller aux toilettes et se cache dans un petit coin. De là, elle ouvre la fenêtre alors que le train roule, et saute au milieu d'un paysage couvert de neige. Ce n'est qu'au bout de quelques heures qu'un policier la découvrira, perchée sur un arbre et frigorifiée.

Les médias se régalent avec les tentatives d'évasion de la « prophétesse » qui acquiert une réputation de criminelle notoire.

Sa tentative d'évasion la plus spectaculaire se déroule en juin 1927. À ce moment-là, elle est incarcérée à Kokkola et passe son temps à rêver de liberté. Elle continue à utiliser ses capacités et parvient toujours à convaincre ses gardiens de lui accorder des privilèges. Elle a notamment réussi à se faire installer une baignoire en bois dans sa cellule. Les surveillants ne s'y sont pas opposés. Un jour ordinaire de juin donc, un gardien qui fait sa ronde habituelle constate avec horreur que Maria a disparu ainsi que l'une de ses disciples qui était logée dans la cellule voisine. Sous la baignoire, les gardiens découvrent un grand trou qui mène à la cave de la prison. C'est par là que les deux femmes se sont échappées. Il apparaît par la suite qu'une voiture a récupéré les fugitives devant la prison et les a emmenées à Tampere, une ville située à environ 180 km au nord d'Helsinki.

Depuis Tempere, Maria souhaite rejoindre la maison où elle vit avec ses disciples. Elle profite d'une livraison de linge, pour se cacher dans un panier au milieu des draps. Elle est menue et personne ne remarque rien.

Évidemment, revenir chez elle n'est pas une très bonne idée. Certes, elle y est probablement accueillie chaleureusement par ses adeptes, mais au bout de dix jours, la police qui la recherche se présente à la porte et Maria Åkerblom est à nouveau arrêtée et transférée en prison.

Un mois plus tard à peine, en juillet 1927, Maria et Eino sont condamnés de manière définitive : tous deux à 15 ans de camp de travail pour incitation au meurtre et parjure. Plusieurs autres membres du mouvement Åkerblom sont également condamnés. Plus tard, leurs peines sont réduites à 12 ans pour Vartiovaara et 8 ans pour Maria. La prophétesse va purger sa peine dans un camp pour femmes situé à environ une heure d'Helsinki. Là encore, elle va tenter de s'évader à plusieurs reprises sans jamais y parvenir.

Depuis sa prison, Maria va mettre tout en œuvre pour continuer de diriger le mouvement. Elle écrit de nombreuses lettres dans lesquelles elle transmet des « révélations ». Au cours des premières années, beaucoup la soutiennent encore. En effet, l'influence de ses enseignements a été très forte au cours des années précédentes. La secte vit isolée dans la propriété d'Helsinki et tout ce qui s'est passé — l'hostilité, les parjures, les tentatives de meurtre, les vols, les arrestations, les jugements — est interprété à la lumière du début de l'apocalypse que Maria avait prophétisé. Les disciples restent longtemps fermement convaincus que Maria est bien envoyée par Dieu et sont persuadés que Dieu va bientôt achever son œuvre. De plus, ils sont fortement marqués par la violence psychique et physique exercée par Maria et Eïno durant les années précédentes.

Pourtant, au fil du temps, sans ses deux leaders, le groupe se défait. De plus en plus d'adeptes s'éloignent. Peu avant la libération prématurée de Maria en 1933, une scission se produit et une grande partie des adeptes tourne le dos au mouvement et rejoint d'autres églises. En plus, ce qui n'arrange rien, une autre « prédicatrice endormie » du nom de Hilda Hottis prêche devant la foule et qualifie Maria de « fausse prophétesse ». Beaucoup la croient parce que, depuis des années, ils attendent en vain l'apocalypse annoncée par Maria.

Lorsque Maria est libérée, elle ne retrouve pas son statut de prédicatrice, malgré de multiples tentatives. Peu de gens lui sont restés fidèles et même le lien étroit entre Maria et Eino s'est défait. Le mouvement Åkerblom, en tant que mouvement religieux comptant de nombreux adeptes, fait désormais partie de l'histoire.

Dès lors, Maria va se concentrer sur des activités commerciales, avec beaucoup de succès. Elle a gardé sa capacité à convaincre et elle s'en sert. Elle se lance dans l'industrie du parquet avec un homme d'affaires nommé Lindquist. Elle gère aussi une ferme dans laquelle elle oblige les adeptes qui restent à travailler pour elle, dans des conditions terribles. À la mort de Lindquist, elle reprend son affaire et la gère jusqu'à ce qu'elle devienne insolvable en 1978.

Si Maria réussit bien dans le domaine des affaires et de la finance, il en va autrement dans sa vie privée. Elle est alcoolique et oblige la poignée d'adeptes qui lui restent fidèles à acheter de l'alcool pour elle et à lui rendre des services. Pendant qu'elle mène une vie de débauche, ses adeptes souffrent de la faim et de la soif et sont traités comme des esclaves.

Lorsqu'elle meurt le 25 février 1981, le monde s'effondre pour les quelques adeptes restants. Maria ne leur laisse rien, pas un centime. Même pas aux plus fidèles d'entre eux, ceux qu'elle avait liés à elle et rendus dépendants par des décennies de violence psychologique.

CHAPITRE 6

Problèmes d'argent

Mira Kulla a le sommeil léger. Elle assure avec une certaine fierté dans la voix que c'est « pour des raisons professionnelles ». Son travail a des avantages et des inconvénients comme n'importe quelle autre activité, mais il ne peut pas être décrit comme ordinaire. Depuis plus de 40 ans, elle est la gouvernante du magnat de la soie, Wilhelm Högsten. Elle a accompagné une grande partie de sa carrière professionnelle tout comme les événements de sa vie privée. Elle a vu grandir ses enfants et ne l'a pas quitté après un tragique accident qui l'a laissé partiellement paralysé. Aujourd'hui, Wilhelm a 77 ans et est à la retraite. Mira en a 60 et ne pense pas encore à sa propre retraite. La magnifique villa à l'écart de la ville et Wilhelm Högsten sont sa maison. Elle a passé la plus grande partie de sa vie ici et ne connaît pas grand-chose à l'extérieur.

Au début, quand elle est arrivée toute jeune fille, elle avait peur des bruits autour de la villa, la nuit. La demeure se trouve en effet loin de tout, isolée à Jollas, une banlieue chic d'Helsinki. Les voisins les plus proches habitent à quelques centaines de mètres et une seule route mène à la propriété. Autour, il y a la forêt, une nature intacte où vivent de nombreux animaux. Elle s'est habituée à les entendre. Aujourd'hui, Mira n'a plus peur, mais son sommeil reste léger. Elle est toujours prête à intervenir si le maître de maison a besoin d'aide. Ainsi, aujourd'hui, 24 avril 1992, elle somnole dans son grand lit moelleux aux draps de soie. Lorsqu'elle entend un bruit vers 4 h 20, elle est immédiatement bien réveillée et comprend tout de suite qu'il ne s'agit pas d'un cerf qui passe devant la villa ou des anciennes conduites d'eau qui craquent. Son cœur s'affole, mais elle n'a pas le temps de s'inquiéter pour elle. Elle monte en courant les escaliers qui conduisent au deuxième étage, où se trouve la chambre du patron, une lampe de poche à la main. Elle appelle, mais ne reçoit pas de réponse. Elle fait alors une chose qu'elle n'a jamais osé faire depuis 40 ans : elle ouvre la porte de la chambre du maître de maison sans frapper. Aussitôt, la lourdeur de l'air frappe Mira, et lui serre la gorge plus encore que la peur. La lampe de poche n'éclaire pas très loin et l'air étouffant sent la poudre. La grande porte du balcon est défoncée. Mira pressent le pire. Elle se précipite vers le grand lit à baldaquin, dans l'espoir de s'être trompée. Mais non, les bruits qui l'ont réveillée quelques minutes plus tôt étaient bien des coups de feu. Wilhelm Högsten gît sans vie dans son lit.

Son métier lui a appris à faire preuve de présence d'esprit, quelle que soit la situation. Même quand il ne s'agit pas d'une carafe de vin renversée lors d'un dîner d'affaires, Mira ne perd pas la tête. Elle se précipite vers le téléphone et tape sur les touches, de plus en plus fort, pour appeler la police et un médecin. Mais elle n'entend qu'un sifflement prolongé. La ligne téléphonique ne fonctionne plus. Cela ne peut pas être une coïncidence. L'idée que le meurtrier soit passé devant sa chambre avec son arme pour couper la ligne la glace d'effroi. Mira doit aller chercher de l'aide. Vêtue de sa longue chemise de nuit et de ses pantoufles, elle court à travers la nuit. Au bout de quelques minutes, qui lui paraissent une éternité, elle arrive chez le voisin le plus proche. Elle sonne, elle crie, elle frappe énergiquement à la porte en bois massif, jusqu'à ce qu'un homme en pyjama de soie lui ouvre la porte. Surpris par cette vieille dame essoufflée et en larmes, il la laisse entrer et utiliser son téléphone.

Vingt minutes environ après les coups de feu, la police et les secours arrivent sur les lieux. Il n'y a plus aucune trace du meurtrier. Les policiers analysent rapidement la scène de crime : Wilhelm Högsten est mort, abattu de trois balles. Une quatrième balle l'a manqué et elle est enfoncée dans le parquet en bois sombre. Les munitions sont de calibre 7.63, rare en Finlande, mais courant en Russie. Il n'y a pas d'empreintes digitales, pas de traces de chaussures, pas d'ADN. La villa est remplie d'objets de valeur. De beaux meubles, des sculptures et des peintures originales sur les murs, mais rien n'a disparu. Le vol n'est pas le mobile. La porte du balcon de la chambre à coucher n'a pas été brisée par hasard. L'auteur du crime savait exactement où se trouvait la chambre du vieil homme. L'assassinat de Wilhelm Högsten a été clairement et précisément exécuté !

En l'espace de quelques heures, des barrages routiers sont mis en place dans tous les environs. Dès que le jour se lève, les enquêteurs commencent à interroger les voisins. Mais ils savent déjà qu'il est peu probable d'obtenir quelque chose. Les propriétés des « voisins » sont toutes très éloignées du lieu du crime. Ils sont très surpris lorsque, justement, ils reçoivent une indication de Markus, l'un des fils de Wilhelm Högsten. Sans hésiter, il accuse son frère, Fred, qui serait le fils prodigue de la famille et qui, malgré son doctorat en économie, aurait dilapidé plusieurs milliers de marks finlandais. Son style de vie est excentrique, il ne vient presque jamais chez ses parents. Lors des anniversaires et des fêtes de Noël, sa place reste régulièrement vide. Il n'apparaît dans le bureau de son père que lorsqu'il est financièrement à bout. Juste avant sa mort, Wilhelm avait appelé Markus pour lui raconter qu'une fois de plus, Fred était venu le voir avec plus de 1 000 000 de marks de dettes. Il aurait exigé de Wilhelm qu'il vende la villa afin de pouvoir se procurer cette somme. Face au refus de son père, Fred l'avait menacé et s'était montré physiquement agressif.

Le jour même, les policiers contactent Fred, qui se présente immédiatement au poste. Les enquêteurs ont face à eux un homme d'une trentaine d'années, aux cheveux blonds ébouriffés, pourvu d'une moustache et portant des lunettes en écaille. Il est nerveux et parle vite, sans reprendre son souffle. Il admet que son père lui prête de l'argent de temps en temps et qu'il a actuellement des problèmes financiers. Mais ce n'est pas une raison pour assassiner son propre père. Il n'a rien à voir avec ça. Les enquêteurs placent quand même Fred en détention en raison de forts soupçons de meurtre, mais il est relâché au bout d'une semaine par manque de preuves.

Quelques jours après la libération de Fred, les enquêteurs reçoivent un appel de Lana, une des filles du défunt Wilhelm Högsten. Son frère Fred lui a rendu visite, chez elle, à Helsinki pour parler de l'héritage. Il lui a paru étrange, il ne parlait que de ça, et ne lui a même pas demandé comment elle allait après le tragique événement. Lorsque Lana lui a dit que l'héritage ne pourrait pas être liquidé tant que le meurtre n'était pas résolu, Fred est parti en disant : « Je dois partir, j'ai des affaires à régler. »

Les enquêteurs se rendent immédiatement à l'appartement de Fred avec un mandat de perquisition. Il les laisse entrer sans protester, mais répète sans fin : « Je vous ai déjà tout dit ». La perquisition dure moins d'un quart d'heure. Sur le bureau de Fred se trouvent deux lettres écrites sur des feuilles de format A4. Elles n'ont pas encore été mises sous enveloppe. L'une est adressée à un ami en Estonie, l'autre à un certain Slava en Russie. Les deux lettres sont courtes et disent la même chose.

Fred leur demande de trouver quelqu'un qui, moyennant finances, accepterait d'aller en prison pour meurtre.

Viko et Dima sont les hommes que Fred avait engagés en Russie pour tuer son père. Ce contrat lui a coûté 60 000 marks. Il avait fait des plans de la villa et marqué précisément l'endroit où se trouvait la chambre de son père. Il avait confié ce document à un de ses amis en Russie pour qu'il le transmette aux deux tueurs. Cet ami est l'un des destinataires des lettres trouvées dans l'appartement de Fred. Slava est médecin et il exerce dans les environs de Saint-Pétersbourg. La police russe est donc impliquée. Jamais auparavant, les enquêteurs finlandais n'avaient travaillé avec des enquêteurs russes et cette coopération ne va pas sans quelques difficultés.

Pour commencer, la bureaucratie retarde l'avancement de l'affaire. Avant chaque interrogatoire et chaque mission, il faut remplir des documents et les originaux doivent être envoyés par la poste au-delà des frontières nationales. Ainsi, il faut des jours aux enquêteurs russes pour arriver à Jollas et inspecter les lieux du crime. Ils confirment que les munitions utilisées sont bien russes, mais ne découvrent rien d'autre. À Saint-Pétersbourg, l'enquête progresse aussi très lentement. On ne trouve aucune trace des tueurs à gages Viko et Dima. Quant au destinataire de la lettre, Slava, qui a été retrouvé, il n'est au courant de rien. Il connaît Fred, ils sont amis, mais il n'a jamais entendu parler d'un meurtre commandité ou de Viko et Dima.

Benti Hervanen est l'inspecteur responsable de l'enquête sur l'affaire Wilhelm Högsten en Finlande. Depuis plusieurs jours, il a du mal à se lever le matin. Il aime son travail, mais cette affaire de meurtre n'avance pas. La coopération avec la Russie est difficile. La distance et le manque de contacts entre les équipes de police compliquent les choses. Plusieurs semaines se sont déjà écoulées depuis le crime. Plus le temps passe, plus il est difficile de reconstituer le déroulement des faits et d'arrêter le coupable. C'est en théorie ce qu'Hervanen a appris pendant sa formation. Mais que se passe-t-il dans la pratique lorsque les circonstances sont exceptionnelles ? Une coopération entre les polices russe et finlandaise n'a jamais eu lieu auparavant. Le mécontentement de Benti Hervanen se transforme en énergie lorsqu'il apprend que le ministre russe de l'Intérieur est en visite d'État à Helsinki. Il met tout en œuvre pour le rencontrer personnellement. Celui-ci se montre ouvert et attentif et promet à l'enquêteur finlandais d'accélérer les procédures.

Trois jours plus tard, Hervanen reçoit un fax de Saint-Pétersbourg. L'équipe d'enquêteurs russes a de nouveau interrogé Slava, plus sévèrement cette fois, et a obtenu des informations déterminantes. Selon son témoignage, Viko et Dima, les tueurs à gages, n'existent pas. La vérité, c'est que Fred voulait que son père meure. Les tueurs à gages ont été inventés pour brouiller les pistes et détourner l'attention du véritable meurtrier.

À ce moment-là, l'enquête sur la mort de Wilhelm Högsten se complique à nouveau, car, avec le récit de Slava, un nouvel acteur entre en scène.

Lorsque Fred, à nouveau fauché, a pris un emploi dans une société de taxis, il a fait la connaissance d'un chauffeur nommé Ilpo Larha. Le jeune homme a une vingtaine d'années et malgré sa mauvaise réputation, il n'est pas fiché par la police. Hormis quelques amendes pour fraudes diverses, il n'y a rien d'important contre lui. Le Finlandais est quand même connu pour son caractère excessif, excentrique et agressif. Sa grande passion, ce sont les armes à feu, toutes les armes à feu. Il fait partie des habitués d'un stand de tir d'Helsinki, où il passe de nombreuses heures à s'entraîner. Selon Slava, Ilpo a été informé du plan de Fred d'assassiner son père lors d'une visite commune en Russie. À ce moment-là, Fred cherchait effectivement des hommes en Russie pour exécuter son projet. Mais Ilpo a sauté sur l'occasion : « Je ne veux pas que l'argent aille aux Russes. »

Pendant son interrogatoire, Ilpo nie les faits qui lui sont reprochés. Certes, il était en Russie avec Fred. Certes, il a rencontré Slava en tant qu'ami de Fred. Mais lui, un meurtrier ? Jamais de la vie.

L'équipe d'enquêteurs de Benti Hervanen n'est pas prête à abandonner si vite la piste brûlante qu'ils ont trouvée après des mois de travail et de va-et-vient avec leurs collègues russes. Benti mettrait sa main à couper que Ilpo et Fred sont tous deux responsables du meurtre de Wilhelm Högsten. Un fils gâté à qui la richesse de son père est montée à la tête et qui finit ruiné, et Ilpo, une petite crapule qui n'a rien à se reprocher, mais dont l'enquêteur expérimenté ne peut s'empêcher de penser qu'il est capable de tuer la conscience tranquille. De plus, la passion de Ilpo Larha pour les armes à feu n'a pas grand-chose à voir avec un hobby. Il passe tout son temps libre au stand de tir et veut savoir exactement avec quel calibre Högsten a été tué.

Hervanen a alors une idée : il convoque les deux hommes ensemble à un interrogatoire. Fred ne lui paraît pas très loyal et pour obtenir une réduction de peine, il est capable de dénoncer son complice. Et c'est exactement ce qui se passe. Dans la petite salle d'interrogatoire, Benti Hervanen ne pose qu'une seule question à Fred : « Ilpo Larha est-il l'assassin de votre père, oui ou non ? » Fred répond sans hésiter : « Oui ». Les yeux de Ilpo passent nerveusement de Hervanen à Fred, mais il ne dit pas un mot lorsqu'on l'emmène dans sa cellule.

Le lendemain, Ilpo se montre plus coopératif. Il raconte qu'un huissier lui a pris 80 000 marks. Cette dette n'était pas la sienne, mais celle d'un ami nommé Hannu Ratia. Ce dernier n'a pas pu payer et a envoyé l'huissier chez Ilpo. Benti ne dit rien. Il réfléchit. Si Ilpo dit vrai, il est fort probable qu'ils aient affaire à deux tueurs. Ilpo ne réglerait pas les dettes d'un ami pour ensuite récupérer l'argent en commettant un meurtre.

Le 15 juillet 1992, quatre policiers en tenue de combat et armés frappent à la porte de l'appartement de Hannu Ratia. Mais ces précautions s'avèrent inutiles : l'homme ouvre immédiatement sa porte et reste tranquillement dans un coin pendant que les policiers fouillent l'appartement. Outre Ratia, il y a sur place sa petite amie et un autre homme. Ils se montrent également coopératifs. Les enquêteurs découvrent rapidement un revolver sous le canapé. Dans la chambre à coucher, ils trouvent un grand sac de sport contenant d'autres revolvers, des pistolets et une mitraillette, tous chargés. Au milieu des armes, il y a de gros billets de banque. Les trois personnes sont emmenées.

L'homme présent dans l'appartement d'Hannu Ratia est Yarin Neami, un braqueur de banque notoire, que les enquêteurs doivent cependant laisser partir rapidement. Les armes ne lui appartiennent pas et aucun lien entre Neami et Fred Högsten ou Ilpo Larha n'est démontré. Ratia admet rapidement qu'il s'était procuré les armes pour un projet de braquage de banque. L'histoire de Ilpo au sujet des dettes est vraie. Les deux hommes sont amis, ils se sont connus au stand de tir à Helsinki. Mais lui-même n'a rien à voir avec le meurtre du vieux Wilhelm Högsten.

Pendant ce temps, en Russie, Slava se montre bavard lorsque la police locale l'informe des dernières nouvelles de Finlande. Il raconte que Fred a confié le « job » à Ilpo après que celui-ci a proposé ses services. En Russie, Ilpo s'est vanté auprès de Slava et d'autres amis qu'il allait bientôt faire un travail important qui ferait certainement la une des journaux télévisés. Une fois le « job » terminé, il a donné d'affreux détails à tous ceux qui voulaient savoir à Saint-Pétersbourg. La gouvernante avait raison. Il avait bien coupé la ligne téléphonique puis s'était débarrassé du cutter dans un endroit précis du lac voisin.

À Jollas, les plongeurs de la police n'ont pas besoin de rester longtemps sous l'eau glacée. Au bout de quelques minutes, ils trouvent deux cutters à l'endroit décrit. Lors de l'interrogatoire suivant, l'inspecteur Benti Hervanen les pose sur la table de la salle, sans rien dire. Dès que Ilpo entre dans la pièce, il ne peut détacher ses yeux de la table. Benti est sûr de lui. « Pourquoi ne pas me raconter toute l'histoire maintenant ? » demande-t-il.

Et Ilpo Larha raconte. Il raconte même en détail le contexte et le déroulement du meurtre. Benti écoute attentivement pendant plusieurs heures et constate que les événements se sont plus ou moins déroulés comme il le pensait. Fred a fourni à Ilpo toutes les informations importantes : plans de la villa, localisation précise de la chambre à coucher paternelle et de la ligne téléphonique. Mais Ilpo ne voulait pas commettre le meurtre seul, et il avait demandé à Hannu de l'accompagner. Après tout, il s'agissait de ses dettes à lui. Il avait réussi à convaincre Fred qu'à deux, le plan serait plus facile à exécuter. Le fils de Högsten avait donc offert aux deux hommes un demi-million de marks finlandais chacun pour le travail.

Ilpo Larha et Hannu Ratia ont fait les choses de manière très professionnelle. Ils ont ouvert différentes balles et ont fabriqué eux-mêmes la poudre pour dissimuler le calibre de l'arme. Pour aller sur place, ils ont utilisé la voiture de Hannu, dont ils avaient échangé la plaque d'immatriculation contre celle d'une voiture identique une heure auparavant, et dont ils ont changé les pneus le lendemain. Hervanen déglutit lorsqu'il se rend compte que sans les aveux d'Ilpo, il n'aurait peut-être jamais pu résoudre cette affaire compliquée.

Le procès de Fred Högsten, Ilpo Larha et Hannu Ratia a lieu en mars 1993 auprès de la Cour suprême de Finlande à Helsinki. Elle inflige la perpétuité aux trois auteurs. C'est la plus longue peine de prison pour un seul crime dans l'histoire criminelle finlandaise. Lorsque le policier l'emmène, menotté, hors de la salle d'audience, Ilpo déclare : « Je sortirai avant. »

Effectivement, Ilpo n'est en prison que depuis un an lorsque, le 25 février 1994, des connaissances réussissent à lui faire passer un pistolet dans la prison du district d'Helsinki. Avec son nouvel ami, Kullervo Haikas, qui purge une peine de 13 ans pour plusieurs délits liés à la drogue, il prend un gardien en otage. Les trois hommes laissent les murs de la prison derrière eux. Ilpo ne se retourne pas. Le seul chemin qui compte est devant lui. Il menace la première automobiliste qu'il croise avec son arme et vole sa voiture. Le pied sur l'accélérateur, le voyou poursuit imperturbablement sa route. Plus tard, il laisse le gardien à la lisière d'une forêt et file vers la liberté avec Kullervo sur le siège passager.

Ilpo est assis sur un fauteuil en cuir noir et fume une cigarette. Sa jambe se balance de haut en bas, d'énervement. Il y a une semaine, il s'est évadé de prison et il se sentait bien « comme en état d'ivresse ». Lui qui n'a jamais pris de drogue, se dit que c'est ce qu'on doit ressentir. Il se sentait littéralement « planer », sans doute à cause de l'adrénaline. Qui aurait cru qu'une évasion serait si facile ? Qu'il était enfantin de faire passer une arme à l'intérieur d'une prison, derrière des murs surveillés par l'État ? Narquois, il chasse la fumée de la cigarette par le nez. L'État, la justice… sans ses aveux, ils ne l'auraient jamais trouvé. À l'époque, quand il avait tout raconté à cet enquêteur, il l'avait déjà senti, ce picotement dans son ventre, cette excitation qui montait lentement au fur et à mesure qu'il parlait. Il était fier de son acte, et dans le regard du policier, il avait vu qu'il avait raison. Sans lui, le meurtre du vieux Högsten serait resté une affaire non élucidée. Mais maintenant, il est assis ici, dans cette minuscule piaule où il étouffe. La propriétaire est une droguée, une connaissance, ou plutôt une cliente, de Kullervo. Ils vivent ici à trois et se marchent constamment sur les pieds. Ilpo est de nouveau enfermé. Il veut sentir une liberté absolue, comme la semaine dernière. Il écrase violemment sa cigarette dans le cendrier débordant et puant et attrape son arme.

« Braquage à la banque SYP à Helsinki, les auteurs sont en fuite », titre un flash d'information diffusé début mars 1994 sur les médias finlandais. On a tiré sur une employée, mais par miracle, la balle n'a fait qu'effleurer son crâne. Elle est choquée, mais n'est pas blessée. Les policiers interrogent les témoins et, d'après les descriptions, ils reconnaissent Ilpo Larha. Depuis son évasion, c'est son premier et seul signe de vie. Ils savent maintenant qu'Ilpo est probablement dans les environs, et ce d'autant plus qu'ils ont récemment été en contact avec une jeune femme qui connaît Kullervo, le compagnon d'Ilpo, auquel elle achetait régulièrement de la drogue. La femme vit dans un immeuble à Lahti, à environ une heure d'Helsinki. C'est une piste faible, mais c'est la seule dont disposent les enquêteurs.

Le 15 mars 1994, des policiers armés et en tenue complète se rendent au deuxième étage de l'immeuble d'habitation de Lahti. Ilpo, en tant que meurtrier condamné, est considéré comme extrêmement dangereux. En outre, en attaquant une banque avec une arme, il a clairement montré qu'il était prêt à tirer. Sula Alda, le responsable de l'intervention, ouvre la porte de l'appartement avec un passe. Son bouclier devant lui, il avance rapidement vers le salon où Kullervo Haikas est assis sur un fauteuil en cuir noir. L'appartement est minuscule et dès l'ouverture de la porte, Sula a vu Kullervo. La pièce est remplie de fumée de cigarette. À l'odeur du tabac vient s'ajouter, au bout de quelques secondes, l'odeur de la poudre. Ilpo Larha a surgi de derrière le deuxième fauteuil et il ouvre immédiatement le feu avec deux revolvers. « Tirez-vous », ordonne Sula à ses hommes qui reculent vers la cage d'escalier. Mais Ilpo n'envisage pas de laisser tomber sous prétexte que les agents reculent. La revoilà, l'ivresse. Il est accro au sentiment de puissance que lui donnent les armes à feu. Il rit bruyamment et il tire en suivant les policiers. Une balle ricoche au bord du bouclier de Sula et l'atteint au torse. L'homme ne tombe pas, la blessure n'est pas mortelle. Lors de cette fusillade sauvage, Ilpo se sent comme un héros de western. Il est la terreur de la police des grandes villes, il est supérieur à tous. Ces policiers ne lui barreront pas la route. Ils l'ont trouvé, mais il ne retournera pas en prison. Il va faire exploser l'immeuble. Il a déjà fait les préparatifs dans ce but après le braquage de la banque d'Helsinki. Il est très facile de fabriquer une bombe puissante. La plupart des gens seraient étonnés s'ils savaient qu'ils ont probablement tout le matériel nécessaire à la maison.

Esko Heinonen est sur le point de quitter son bureau lorsqu'il apprend qu'Ilpo Larha a tiré sur des policiers à Lahti. Il comprend qu'il ne va pas encore rentrer chez lui. En tant que négociateur, il est appelé sur les lieux quelques minutes plus tard.

Lorsque Esko arrive dans le quartier de Lahti, les habitants de l'immeuble et toute la zone ont déjà été évacués. Ilpo tire et crie depuis la fenêtre du petit appartement du quatrième étage qu'il fera tout sauter si quelqu'un entre à nouveau dans le bâtiment. Esko prend une grande inspiration. « Cet homme est fou, pense-t-il. La nuit va être longue. »

En effet, des heures épuisantes attendent le négociateur. Une centaine de policiers sont prêts à intervenir et des médecins sont en stand-by. Le siège va durer 55 heures. Ilpo demande des boissons, de la nourriture et une voiture pour s'enfuir avec un téléphone portable qu'on lui a fait passer dans une nacelle jusqu'à la fenêtre. Esko et son équipe savent qu'ils le perdront à nouveau s'ils lui fournissent une voiture. Qui sait jusqu'où il serait capable d'aller ! Aucun d'eux ne veut assumer cette responsabilité. Dans l'appartement, il y a toujours la jeune femme propriétaire des lieux et son ami, ainsi que Kullervo. Celui-ci parle sans se faire prier aux médias, qui se sont entre-temps rendus sur les lieux malgré la fermeture de la zone. Les journaux, les chaînes de télévision et les radios sont si nombreux qu'Esko s'étonne que tout cela ne finisse pas en grande bousculade. Après quelques heures, Kullervo rapporte aux médias qu'Ilpo le tient lui aussi en otage. Lorsqu'il a voulu prendre une arme, Ilpo l'a menacé avec son revolver. L'homme semble être devenu complètement fou. Son humeur change de minute en minute. Les trois personnes présentes dans l'appartement craignent pour leur vie.

Le lendemain, le 16 mars 1994, Ilpo continue de demander une voiture, sinon il fera tout sauter. Esko fait son possible pour négocier, mais l'homme au bout du fil n'a plus toute sa tête. Ce qui l'inquiète le plus, ce sont les otages. En tant que négociateur de la police, il porte la responsabilité de leur vie. Lorsqu'il demande à Ilpo de les laisser partir pour qu'ils puissent ensuite trouver une solution ensemble, tranquillement, celui-ci lui répond en riant : « Je ne laisserai même pas le chat quitter cet appartement. »

Dans la nuit du 17 mars 1994, les forces d'intervention se relaient pour pouvoir se reposer. Des matelas ont été apportés dans les bâtiments environnants qui ont été évacués, afin qu'ils puissent reprendre des forces après plus de 45 heures d'attente. Ils en ont bien besoin. À 5 h 30 du matin, le téléphone d'Esko sonne. Il prend la communication précipitamment, en espérant que c'est Ilpo. Mais à l'autre bout du fil, il entend la voix de Kullervo. Ilpo s'est endormi. La police doit agir maintenant, sinon il les tuera tous. Esko en négociateur expérimenté entend immédiatement à la voix de Kullervo que celui-ci ne bluffe pas. La situation est très dangereuse.

Esko et la police réfléchissent à plein régime. Ils doivent profiter du sommeil d'Ilpo pour libérer les otages. C'est une tâche difficile. Il est impossible d'utiliser la porte d'entrée, car Ilpo a menacé de la piéger. Les évacuer avec une grue ferait trop de bruit et réveillerait probablement le preneur d'otages. Esko regarde le balcon de l'appartement situé au deuxième étage et estime qu'il se trouve à environ 4,50 m du sol. En sautant, on se casserait tout au plus une jambe.

Les policiers déplacent les matelas sur lesquels ils dormaient encore quelques heures auparavant sous le balcon. À 6 h 30, la propriétaire de l'appartement apparaît sur le balcon, regarde en bas et secoue énergiquement la tête. Par téléphone, Kullervo informe Esko qu'ils ne sauteront pas tous. C'est trop haut. Avant que le négociateur ait le temps d'expliquer à Kullervo que s'ils ne sautent pas, ils mourront, un cri bref retentit. La femme vient d'atterrir sur les matelas. Elle se relève en pleurant et est prise en charge par un médecin. Ensuite, Esko voit un jeune homme lancer un chat, puis sauter à son tour.

À 7 heures du matin, Kullervo surmonte enfin son vertige et saute dans sa nouvelle vie.

Quelques minutes plus tard, Ilpo appelle Esko. Il est fou de rage. Cependant, il reconnaît que l'idée du saut était intelligente. L'imprévisibilité d'Ilpo revient à l'esprit d'Esko qui se souvient qu'il faut être prudent avec lui. Une fois les otages envolés, il semble perdre complètement la raison. « 7 h 25, c'est l'heure limite. Si je n'ai pas de voiture d'ici là, je me tire une balle dans la tête. » Les tentatives d'Esko pour garder Ilpo, 26 ans, au téléphone échouent. Il entend un claquement, puis la communication s'arrête.

Immédiatement, des spécialistes examinent les portes d'entrée à la recherche d'explosifs et libèrent le passage après quelques minutes. Dans l'appartement, ils trouvent Ilpo Larha allongé sur le sol, sans vie. Du sang coule sur le parquet. Il s'est tiré une balle dans la tête avec deux pistolets en même temps. À côté de lui, il y a un sac de sport qui contient plusieurs bombes artisanales, mais efficaces.

En 2005, Hannu Ratia a été gracié par la présidente finlandaise Tarja Harlonen. Il a eu une révélation divine pendant son incarcération et continue aujourd'hui à proposer un enseignement religieux dans les prisons finlandaises. En 2006, 14 ans après le meurtre de Wilhelm Högsten, la présidente a également gracié Fred Högsten, le commanditaire de sa mort. Depuis, ce fils de millionnaire n'a plus fait parler de lui.

CHAPITRE 7

Je veux juste parler

« Papa ! », crie la petite fille en courant joyeusement à sa rencontre. Ses tresses brunes se balancent et ses petites mains sont accrochées aux bretelles de son sac à dos rose. Le cœur de l'homme se réchauffe, il sourit. Une fois de plus, Marko se dit qu'il a de la chance avec sa fille. Il l'admire et pense qu'elle est très spéciale. Et en effet, Veera est vraiment géniale. Elle n'a que six ans, mais sa nature affectueuse et ouverte enchante déjà tout le village. Ses doux yeux bruns brillent lorsqu'elle parle et quand elle sourit, les gens perdent leur mine triste et lui sourient en retour. Veera est un vrai rayon de soleil et sa lumière a bercé Marko pendant six ans d'un amour paternel indescriptible. Maintenant, il est dans la voiture et va la chercher à la maternelle. Il s'assure une dernière fois que le pistolet est chargé et prêt dans la boîte à gants. Cet après-midi, il va éteindre la lumière de Veera.

En descendant du train, Mari prend une profonde inspiration. Les voitures, le centre commercial, les bars, les bâtiments ont une odeur. Elle sent la ville. Ivalo est en Laponie, au nord de la Finlande. Avec sa population de 3 000 habitants, ce bourg n'a rien de comparable avec Helsinki ou Tampere. D'ailleurs, ses habitants ne qualifieraient probablement pas Ivalo de « ville ». Mais pour Mari, 19 ans, c'est la ville. Son village natal est à quelques kilomètres de là et tout le monde se connaît. Le village a une boulangerie et une boucherie. Pour aller à l'école ou chez le dentiste, il faut se rendre dans un village voisin. Mari aime la convivialité de son village, mais elle apprécie de pouvoir s'en échapper parfois. Elle prend alors le train et se rend à Ivalo, comme aujourd'hui. Son amie l'attend déjà dans leur bar préféré. C'est vendredi, le week-end approche et Mari se sent libre.

Le rendez-vous ne dure pas longtemps. Au bout d'une heure, l'amie de Mari prend congé. Elles avaient pourtant beaucoup de choses à se raconter. Mari vient de terminer sa formation d'animatrice pour les enfants de l'église et elle est optimiste quant à l'avenir. Elle aime les gens quels qu'ils soient et adore les contacts sociaux. Le métier d'animatrice est fait pour elle. Mais de tout cela, son amie n'apprend aujourd'hui que quelques détails superficiels. En effet, depuis qu'un séduisant inconnu a offert une bière à Mari, elle est incapable de se concentrer sur une conversation. Ses yeux bleus ne cessent de dévier du visage de son amie pour se fixer sur la haute silhouette de l'inconnu, ses larges épaules, ses cheveux noirs et son grand sourire. Il doit être plus âgé qu'elle. Mari se sent flattée. Lorsqu'il s'approche lentement, moins d'une minute après que son amie est partie, son cœur accélère. Elle se sent rougir, elle tortille une mèche de ses cheveux châtains et son ventre se contracte dans l'attente. Elle le sent, c'est le début d'un grand amour.

L'inconnu du bar s'appelle Marko. Au bout de quelques rencontres, l'amitié se transforme en amour et les jeunes gens finissent par emménager ensemble après quelques mois. Mari quitte son village natal pour Ivalo, la petite ville où elle se sentait libre. Depuis cette rencontre dans un bar, Mari vit sur un nuage. Elle n'arrive toujours pas à croire qu'un homme comme Marko ait pu s'intéresser à elle. Il a 25 ans, un travail bien payé et il la porte à bout de bras. Avant qu'elle déménage, il ne se passait pas une heure sans qu'il l'appelle. Il voulait toujours savoir où elle était, ce qu'elle faisait, avec qui elle était. Si elle n'entendait pas son téléphone portable ou ne pouvait pas répondre à ses messages, il venait. Il se souciait d'elle et c'est toujours le cas maintenant qu'ils vivent ensemble. Dans son nouvel appartement, elle peut tout partager avec Marko. Mari lui a présenté quelques-uns de ses amis, car elle aime avoir des gens autour d'elle. Ils pourraient cuisiner ensemble, organiser des soirées de jeux et des barbecues en été. Mais Mari réalise bientôt que les choses ne se passent pas de cette façon. Marko a quelque chose à reprocher à chacun de ses amis masculins. Selon lui, une amitié entre hommes et femmes ne fonctionne pas de toute façon. En secret, les hommes seraient amoureux d'elle ou voudraient coucher avec elle. Il ne veut pas la partager et préfère rester seul avec elle. Ce sera mieux pour leur couple. Lorsqu'il dit cela à Mari, elle est ébranlée. Elle n'avait pas du tout vu cet aspect de sa personnalité. Mais après tout, Marko est plus âgé qu'elle, il a déjà accumulé quelques années d'expérience de vie. Assis à côté d'elle sur le canapé, il la regarde effacer les coordonnées de ses amis de son téléphone portable. Mari est heureuse d'avoir un partenaire qui l'aime et qui se soucie tant d'elle.

Après un an de vie commune, Marko pose à Mari la question qu'elle attend. La jeune femme est aux anges et ne connaît qu'une seule réponse : oui, elle veut devenir la femme de Marko. Maintenant et pour toujours.

Après leur mariage, la routine s'installe et tous les jours se ressemblent. Ils partent travailler tous les matins, et tous les soirs Mari rentre directement à la maison pour préparer le repas de son mari. Ils passent leurs soirées en tête-à-tête sur le canapé. Lorsqu'une amie fait remarquer à Mari qu'elles ne se voient plus du tout, cette dernière est confuse. Après tout, son amie aussi est mariée et elle devrait savoir que dans une relation sérieuse, les amitiés trop étroites n'ont pas leur place. Lorsqu'elle en parle à Marko, il lui demande d'effacer le numéro de son amie de son téléphone et de quelques autres contacts féminins qu'il considère comme ayant une mauvaise influence. Lorsque Marko la prend ensuite dans ses bras, pour la première fois, le sentiment familier d'être en sécurité n'est pas là. Mari a trop chaud dans ses bras, elle respire mal.

Plus tard dans la semaine, Mari est dans la cuisine en train de préparer une tarte au citron. Perdue dans ses pensées, elle casse un œuf et le regarde tomber sur le mélange de beurre et de sucre. Elle bâille et fait lentement tourner sa tête de gauche à droite. Elle est fatiguée, elle ne dort pas bien depuis plusieurs jours. D'abord, elle pense à Marko et à leur mariage et ensuite ce sont les ronflements de son mari qui la tiennent éveillée. Ces derniers jours, ils se sont beaucoup disputés. Mari est mal à l'aise. Sa jeune vie part silencieusement sur des chemins bien tracés. Elle se sent vide à l'intérieur et pourtant elle étouffe. Son téléphone ne sonne plus, et quand il sonne, c'est Marko, ou une collègue qui veut échanger son horaire de travail avec elle, ou encore quelqu'un de sa famille. Plus personne ne lui envoie de photos des excursions du week-end, personne ne lui souhaite son anniversaire. Elle ne sait plus rien des gens qui étaient autrefois ses amis. Après le dîner, Marko a pris l'habitude de fouiller dans son téléphone portable. Il est persuadé qu'elle lui cache quelque chose ou même qu'elle a une liaison avec un autre homme. Elle se demande ce qu'il fait avec son téléphone pendant 20 ou 30 minutes, car de toute façon elle ne reçoit plus de messages ou d'appels.

Lorsque Mari se rend compte qu'elle a oublié d'acheter les citrons au supermarché, son estomac se contracte. Dans cet oubli, Marko va certainement trouver un lien avec un nouveau secret. Elle ne veut pas le lui dire, car il voudra certainement venir avec elle et aujourd'hui, elle n'a plus la force de supporter ce supplice. En effet, chaque fois que Marko fait les courses avec elle, elle doit faire doublement attention. Si elle voit un collègue ou un voisin, elle change d'allée le plus vite possible sous un prétexte quelconque. Elle évite tout contact, même si ce n'est qu'un simple bonjour. Car elle ne supporte pas les questions de Marko : « Qui est-ce ? Comment le connais-tu ? Pourquoi te connaît-il ? Pourquoi te salue-t-il ? Est-ce que tu lui as souri ? »

Mari décide qu'il n'y aura pas de tarte au citron en dessert ce soir. Heureusement, elle ne l'avait pas encore dit à Marko, pense-t-elle, soulagée.

Dès le début de leur relation, le jeune couple a souhaité avoir un bébé. Après le mariage, Mari avait arrêté la pilule, mais elle n'est pas tombée enceinte. Aujourd'hui, par cette fraîche journée d'automne 2011, elle est assise sur les toilettes, immobile depuis une demi-heure. Dans sa main, elle tient un petit boîtier en plastique avec deux lignes bleues. Le test est positif. Ils vont avoir un bébé.

Une fois passé le premier moment de sidération, Mari se reprend. Les derniers temps n'ont pas été faciles, mais Marko est toujours l'homme dont elle est tombée amoureuse, sans réfléchir, et qu'elle a fini par épouser. L'homme qui s'occupe d'elle et qui prendra soin à l'avenir de sa petite famille. C'est peut-être le bon moment pour avoir un enfant. Cette nouvelle apaisera Marko et mettra leur mariage sur la bonne voie.

Lorsque Marko rentre à la maison ce jour-là, il lui pose immédiatement une question. Dans l'allée, il vient de voir des traces de pneus fraîches. En effet, bien que l'on ne soit qu'en automne, il a déjà neigé abondamment. Il lui demande si elle a quitté la maison après le travail. Et si oui, pourquoi ? Mari dit que non, mais le regrette immédiatement, car Marko continue de la questionner pour savoir de qui proviennent les traces de pneus. Quelqu'un est-il venu la voir ? Mari n'a pas de réponse, elle ne sait pas à qui appartient la voiture qui a roulé dans son allée. Elle déglutit avec peine et décide de mentir. En effet, elle a entendu une camionnette et a regardé par la fenêtre. Elle a vu la voiture faire demi-tour dans son allée. Avant que d'autres questions ne pleuvent, Mari saisit spontanément les mains de son mari et lui sourit. « Nous allons avoir un bébé. Je suis enceinte », dit-elle. L'espoir dans sa voix meurt brusquement lorsque Marko se précipite dans la cuisine. Il tourne la page du calendrier et calcule s'il est bien le père de l'enfant.

Veera voit le jour en juin 2012. Mari aime sincèrement son enfant. Ce bébé est tout pour elle. Marko est lui aussi très attaché à ce petit bout de chou qui, au fil des années, devient une fillette pleine de vie. La petite est curieuse et créative. Elle aime peindre, danser et jouer avec d'autres enfants. Mari se retrouve en elle et pense souvent à ses anciens amis. Elle se demande ce qu'ils sont devenus. Mais la nostalgie ne dure jamais longtemps, car tout cela appartient au passé. Lorsqu'elle regarde les yeux vifs de Veera, elle voit son présent et son avenir.

Lorsque Veera a trois ans, la petite famille déménage dans une ville située à 13 kilomètres à l'est d'Ivalo. Marko a acheté une nouvelle maison. Mari voit à quel point il aime Veera. Il joue avec elle de manière touchante et lui fait de petits cadeaux. Cependant, ni la présence de Veera ni le déménagement dans la nouvelle maison ne changent l'ambiance de leur mariage. Mari se sent de plus en plus inutile. Aux yeux de Marko, elle ne fait rien de bien. Jour et nuit, elle ressasse son comportement et la manière dont Marko pourrait réagir. Elle repense en boucle à tout ce qu'elle fait, de peur que son mari ne la bombarde à nouveau de questions et de reproches. Une fois, elle se dit qu'elle pourrait attraper un virus au supermarché en touchant les produits dans les rayons, et contaminer Marko. Cette pensée la terrifie. Alors, à partir de ce moment-là, Mari passe plusieurs heures par jour à se laver les mains avec beaucoup de savon et de l'eau chaude. Elle se frotte jusqu'à ce que ses mains saignent.

L'idée d'un divorce la traverse sans cesse et elle en parle à Marko. Mais il refuse. Il veut une famille unie. Mari finit par lui donner raison. Mais intérieurement, elle est sûre que deux foyers séparés et paisibles seraient mieux pour Veera que ce foyer commun, soumis au stress, à la contrainte et à l'agressivité.

Au cours de l'été 2017, alors que Veera vient de fêter ses cinq ans, Mari et Marko continuent de se disputer pour des broutilles. À ce moment-là, Mari a la conviction profonde que son mariage a définitivement échoué. Ce n'est pas la vie ni le modèle de relation entre un homme et une femme qu'elle souhaite transmettre à sa fille. D'une voix calme, elle annonce à Marko qu'elle va déménager avec Veera et qu'elle souhaite divorcer.

Marko reste derrière elle, alors qu'elle fait ses valises et celles de Veera et part pour Ivalo. Ils se partagent la garde de la fillette qui passe une semaine chez sa mère et la suivante chez son père. Les deux parents sont d'accord à ce sujet et Mari pense que même si son mariage n'a pas été heureux, Veera a besoin de son père et Marko de sa fille.

La séparation fait du bien à Mari. De retour à Ivalo, elle peut respirer. Elle se sent libre et sent à nouveau ce parfum de la vie qu'elle percevait à l'époque où elle avait 19 ans. Pour sa famille, l'annonce de la séparation est un choc. Personne n'avait rien remarqué. De l'extérieur, ils formaient une famille parfaite. Marko, était un père aimant et attentionné, Mari, une jeune mère chaleureuse, et Veera, une jolie fillette pleine de vie. Mais très vite, la famille de Mari comprend ce que la jeune femme a subi au cours de sa relation avec Marko.

Marko n'accepte pas le divorce. Il envoie sans cesse des textos à Mari, parfois une centaine par jour. Il commence dès six heures du matin et n'arrête que tard dans la nuit. Dans la plupart des messages, il lui demande ce qu'elle fait et si elle a rencontré un nouvel homme. Une sorte de contrôle à distance, comme à l'époque, avant qu'ils n'emménagent ensemble, pense Mari. Souvent aussi, il l'insulte et la menace en lui disant que personne ne la possèdera à part lui. Le 24 octobre 2018, Mari contacte la police et demande une ordonnance d'éloignement contre Marko. Comme il n'y a pas de violence directe de sa part, la police ne peut pas prononcer d'interdiction de contact. L'affaire doit d'abord être examinée et la police la recontactera.

Le lundi 29 octobre 2018, le téléphone portable de Marko sonne à 9 h 25. Il le garde toujours près de lui afin de répondre immédiatement si Mari donne de ses nouvelles. Jusqu'à présent, ça n'a pas été le cas. Les seuls échanges qu'elle a avec lui concernent leur fille. Et aujourd'hui, ce n'est toujours pas Mari qui appelle, mais un numéro qu'il ne connaît pas. Il confirme son nom puis écoute pendant trois minutes, en état de choc. L'appel vient du tribunal du district de Laponie. Mari a obtenu une injonction d'éloignement contre lui. Désormais, il n'a plus le droit de la contacter ni de l'approcher, à moins qu'il ne vienne chercher sa fille chez elle. « Non, je ne suis pas d'accord », finit par lâcher Marko en interrompant vivement son interlocuteur.

Peu de temps après, le téléphone de Mari se met à vibrer. Elle est dans son bureau et met l'appareil en mode silencieux pour ne pas déranger ses collègues. C'est Marko. Le tribunal vient de lui signifier l'injonction d'éloignement et il lui demande de la retirer. Elle envoie un message à la police afin de la prévenir et ignore les sonneries de son téléphone portable.

Dès que sa matinée de travail est terminée, elle se dépêche pour aller chercher Veera à la maternelle. Elle a jeté un coup d'œil sur son portable et a vu que le dernier message de Marko est arrivé à 10 h 37. Il y a eu un appel manqué et un SMS disant : «Je veux juste te parler!» Mari chasse rapidement son ex-mari de son esprit et concentre ses pensées sur Veera qui vient de passer une semaine chez son père et revient aujourd'hui à la maison. Elle va serrer sa fille dans ses bras et passer du temps avec elle. Cet après-midi, elles prépareront un gâteau et demain, elle conduira la fillette à son cours de danse adoré et la regardera s'amuser à faire des pirouettes dans son tutu rose. Avec un sourire heureux, Mari prend la route en direction de l'école maternelle.

Mais sa fille n'est pas là. «Marko est déjà venu chercher Veera à 13 heures aujourd'hui» l'informe aimablement l'institutrice. Mari est pétrifiée par l'angoisse. Un coup de poing au visage, un coup de pied au creux de l'estomac seraient moins violents que le sentiment qui étrangle maintenant sa gorge. Instinctivement, elle sait que quelque chose ne va pas. Le lundi, Veera a des activités l'après-midi. Sa classe fait des travaux manuels et les enfants fabriquent en ce moment des cartes de vœux avec des motifs d'automne. La dernière semaine qu'elles ont passée ensemble, elles sont allées se promener pour ramasser des feuilles colorées qu'elles ont mises à sécher entre les pages d'un gros livre. L'institutrice a bien sûr confié Veera à son père lorsqu'il lui a dit qu'il avait un rendez-vous avec la fillette cet après-midi.

Mari conduit à travers la ville pendant vingt minutes, les vingt minutes les plus longues de sa vie. Mais il n'y a aucune trace de Marko et de sa fille. À 15 h 50, elle appelle la police. Dévastée, la jeune mère explique la situation à son interlocuteur. « S'il vous plaît, ramenez-moi ma fille », sanglote-t-elle.

Le lendemain, Mari ne se réveille que vers midi, lorsque sa cousine lui caresse doucement le dos en pleurant. Elle se souvient immédiatement de la soirée de la veille. Après son appel à la police, elle est rentrée chez elle. Elle a fait les cent pas, a appelé Marko plusieurs fois, mais son portable était éteint. Le soir, on a sonné chez elle et elle a vu deux personnes à sa porte. Une seule était un policier. L'autre était une assistante sociale. Mari a compris en quelques secondes ce que cela signifiait.

« Nous avons trouvé deux corps », a dit une voix qui semblait sortir d'un tunnel. Mari a perdu connaissance. Maintenant, elle est allongée dans son lit, à côté d'elle, sa cousine pleure. La police est là, Mari peut-elle leur parler ? Oui. Mari veut savoir, elle doit savoir ce qui s'est passé. Elle se dirige lentement vers le salon. Elle sait qu'il n'y aura pas de retour en arrière une fois qu'elle sera assise en face d'eux sur le canapé. Rien ne pourra plus la protéger de la réalité. Comme en rêve, elle voit le policier et l'assistante sociale d'hier. Veera et Marko ont été retrouvés morts dans son ancienne maison familiale. Après avoir reçu l'appel de Mari, les policiers ont vérifié l'adresse de Marko et ont trouvé sa voiture dans l'allée. La portière arrière était ouverte et un petit sac à dos rose était visible. Lorsque les agents sont entrés dans la maison à 16 h 45, ils ont immédiatement trouvé dans l'entrée deux corps portant des blessures par balle à la tête. La porte de la buanderie, qui donnait directement sur le couloir de la maison, était également ouverte. Ils ont rapidement découvert le message que Marko y avait laissé en grosses lettres peintes sur le mur : « Est-ce que ça n'aurait pas valu la peine de parler, finalement ? »

L'enquête ne dura pas longtemps. Le déroulement du crime était clair. Marko avait tué Veera d'une balle derrière la tête juste après être entré dans la maison et s'était ensuite suicidé. Il avait écrit le message sur le mur avant même d'aller chercher sa fille et avait brûlé son téléphone portable dans la cheminée. Voilà pourquoi Mari n'avait pas pu le joindre. Il n'y avait pas d'autres signes de violence. Veera ne connaissait pas le projet de son père lorsqu'il est venu la chercher plus tôt à la maternelle. Marko avait un comportement normal et discret avant les faits. Les psychologues du tribunal estimèrent plus tard que le père n'avait pas été capable de développer sa propre identité après la séparation et qu'il n'avait pas accepté de se construire une vie indépendante, sans sa femme. Pour lui, Mari était seule responsable de la fin de sa famille.

Dans les mois qui suivent, Mari ne reste jamais seule. Ses sœurs et ses cousines sont toujours avec elle. Elles font les courses, veillent à ce que Mari mange et se lave. Au travail, elle est en arrêt maladie. Les habitants d'Ivalo, bouleversés par l'histoire tragique de ce père lâche et égoïste qui tue sa petite fille confiante et sans défense, collectent des fonds pour financer les funérailles. Une façon d'exprimer leur compassion à Mari.

Les obsèques de la petite Veera ont lieu à Ivalo en novembre 2018. Toute la communauté est présente lors de la mise en terre du petit cercueil blanc que le père de Mari et ses sœurs ont fabriqué. Pour Mari, c'est le jour le plus difficile de sa vie et le début de longs mois de deuil et de dépression. Les funérailles de Marko se déroulent dans l'intimité des proches et dans l'anonymat.

Au printemps 2019, Mari prend une décision. Elle va vivre. Car c'est ce que Veera, qui savourait la vie à chaque instant, aurait voulu pour sa mère. En tuant sa fille, Marko a voulu la détruire afin qu'elle ne soit plus jamais heureuse de sa vie. Elle refuse de lui accorder cette victoire. Elle voyage, essaie de nouvelles choses et écrit un blog pour surmonter son deuil. Aujourd'hui, elle vit dans le sud de la Finlande avec un nouvel homme à ses côtés. De temps en temps, elle se fait encore de terribles reproches. Mais elle a suivi une thérapie qui l'a aidée à se montrer plus douce avec elle-même. Elle a compris qu'une seule chose aurait permis d'éviter le drame, et cette chose était impossible : elle n'aurait jamais dû tomber amoureuse de Marko.

CHAPITRE 8

À bout de souffle

Sarah, 12 ans, est dans une obscurité totale. Il lui faut plusieurs minutes pour s'habituer au noir qui règne à l'intérieur de la penderie. Elle a l'impression d'être dans un mauvais rêve. Il y a moins d'une heure, elle observait les oiseaux avec son amie Anna puis courait s'acheter une glace à la fraise. Et soudain, un homme est arrivé et il a détruit le bonheur de cette chaude journée de juillet. Sarah pince son poignet. Va-t-elle se réveiller et rire à nouveau sans souci avec Anna ? Mais elle sait qu'elle ne dort pas et n'est pas en train de rêver. La réalité, c'est cette odeur de poussière et de renfermé, le bois fissuré de la penderie et une terrible peur. Sarah se blottit dans un coin du meuble. L'homme a gardé Anna dans le salon avec lui. Au début, Sarah a entendu les cris de son amie, sa voix terrifiée, ses pleurs. Mais depuis quelques secondes, le silence règne. La fillette se doute que quelque chose de grave est en train d'arriver.

La colère du garçon grandit de minute en minute. Il sent une brûlure dans son ventre, il serre les poings. Il aurait mieux fait d'agir seul, comme toujours. Dans peu de temps, ils se feront prendre tous les trois. Et alors, il sera bon pour la prison pour mineurs. Cette fois-ci, après les vols, les histoires de drogue et les agressions, il ne s'en sortira pas avec un avertissement. Jusqu'à présent, il a écopé d'heures de travaux d'intérêt général, comme se promener dans les rues avec un sac poubelle pour ramasser les saletés des autres. Pourtant, sa vie n'a pas toujours été ainsi. Il y a quelques années encore, il était un élève modèle, gentil et apprécié. Mais ses parents ont divorcé et sa mère a commencé à fréquenter des hommes qui changeaient constamment. L'argent manquait tout le temps.

Il interrompt ses pensées, et se concentre sur ce qui est en train de se passer. « Plus vite, putain ! » crie Jukka Torsten Lindholm, 15 ans, à ses deux copains. Il ne leur reste plus beaucoup de temps.

Sa ville natale, Oulu, se trouve dans le nord du pays. C'est la cinquième plus grande ville de Finlande et il s'y passe toujours quelque chose. Certains disent qu'une grande ville permet l'anonymat. Jukka sait que ce n'est pas vrai. Il y a quelques semaines, en plus d'utiliser le chéquier de sa grand-mère, il a découvert les machines à sous comme nouvelle source de revenus. À la fin des années 1970, on en trouve dans tous les supermarchés, dans les bars, dans certaines stations-service et dans les halls d'entrée des grands magasins. Elles sont très faciles à ouvrir une fois que l'on a pris le coup de main et il a déjà gagné plusieurs centaines de marks finlandais grâce à cela. Mais en parler à ses deux copains de classe n'était pas une bonne idée. Ces idiots ne sont pas assez rapides et en plus ils n'ont pas les bons outils. Ils vont finir pas se faire repérer. Au début, évidemment, personne ne les remarque. Dans l'agitation des gens qui vont et viennent, un garçon qui manipule une machine à sous passe inaperçu. Mais trois d'un coup et pendant plus d'une demi-heure, c'est vraiment trop voyant. Sans un mot, Jukka tourne les talons et laisse ses copains derrière lui. Décidément, il s'en sort mieux tout seul.

Nous sommes en novembre 1981. L'hiver finlandais a déjà commencé. Les journées sont courtes et le soleil ne se montre pas longtemps. D'ailleurs, la plupart du temps, il n'apparaît même pas et les gens vivent dans une grisaille diffuse. On ne différencie le jour de la nuit qu'en regardant l'heure. Il neige. Les automobilistes s'agacent des parebrises gelés et les voyageurs en train râlent quand les rails sont couverts de neige. Mais Jukka se sent bien quand il fait froid. Il porte un long manteau noir et l'obscurité lui offre une protection supplémentaire. Personne ne le remarque les soirs de week-end quand il se promène dans les rues d'Oulu et observe les gens. S'il a trop froid, il se réchauffe en buvant de l'alcool dans la flasque qu'il transporte partout dans la poche intérieure de son manteau. Aujourd'hui, c'est vendredi et il a observé une jeune fille à travers une fenêtre. Il y avait une fête et il l'a vue danser et rire. Elle a environ 16 ans, comme lui. Ses longs cheveux noirs se balancent au rythme de ses mouvements. Elle porte autour du cou un magnifique foulard de soie. Elle sourit tout le temps. Après la fête, elle rejoint un immeuble en quelques minutes à pied. Lorsqu'il la frappe dans la cage d'escalier elle ne sourit plus. Ses yeux s'écarquillent de peur et elle essaie de crier, mais Jukka pose sa grande main glacée devant sa bouche. Il la pousse dans l'ascenseur et appuie sur le bouton du sous-sol. La fille tremble de tout son corps et essaie à nouveau de crier. « Un mot et tu es morte », la menace-t-il. Une fois dans la cave, il serre l'écharpe de soie turquoise autour de son cou. Après quelques secondes, il sent son pantalon se tendre et le serrer davantage.

Ses amis s'échangent des magazines avec des centaines de photos de femmes nues. Mais Jukka ne comprend pas ce qu'ils trouvent à ces photos. Quelques fois, il a essayé, dans sa chambre, pendant la nuit. Il s'asseyait nu sur son lit, le magazine ouvert devant lui. Il se touchait, mais il ne se passait rien.

Aujourd'hui, c'est différent. L'idée d'étrangler la fille l'excite à un tel point qu'il est prêt à aller plus loin. Il lui cogne la tête contre le sol en béton, et répète dans un murmure : « Je vais te violer ». Il la lâche pour ouvrir sa ceinture à deux mains et se rend immédiatement compte de son erreur. Profitant de ces quelques secondes, la fille parvient à s'enfuir. Elle est mince, elle court vite et Jukka n'a aucune chance de la rattraper. Lorsqu'elle revient sur les lieux de l'agression une demi-heure plus tard avec ses amis, il n'y a plus aucune trace du garçon. Le lendemain, la jeune fille va à la police et décrit son agresseur. Les policiers lui montrent des photos. Comme Jukka a commis de nombreux délits, son portrait fait partie du lot. La jeune fille l'identifie clairement.

À la police qui l'a arrêté immédiatement après la plainte de la jeune fille, Jukka avoue l'agression sans difficulté. Mais il n'est pas capable d'expliquer son comportement. Il est condamné à six mois de prison avec sursis au début de l'année 1982, et il doit payer des dommages et intérêts à sa victime.

À la fin de sa période de probation, Jukka se sent à nouveau libre. Il n'est plus sous surveillance constante, il n'est plus obligé de se rendre aux rendez-vous hebdomadaires au commissariat de police. Il n'a plus à rendre compte scrupuleusement de ses moindres faits et gestes. Il respire à pleins poumons et observe la vitrine d'un magasin d'électronique. La nuit le protège. Une ivresse l'envahit au moment où il lance une pierre sur la façade de verre et remplit ses poches de divers matériels. Sa période de liberté ne va pas durer longtemps et il est rapidement arrêté pour dégradation de biens et vol par effraction. Cette fois, il ne s'en tire pas avec une peine avec sursis. Il est condamné à faire un an de prison ferme dans un établissement pour mineurs. Dans sa cellule, il compte les minutes et les jours. Il n'a aucun contact avec les autres détenus. La détention est un véritable enfer.

Jukka a 20 ans lorsqu'il est libéré. Il peut désormais consommer légalement de l'alcool et aller dans les bars. C'est exactement ce qu'il fait, poursuivant ainsi le genre de vie qu'il connaît depuis ses 13 ans. Il boit, il se drogue et il vit aux dépens de sa mère, Laina, avec laquelle il s'entend bien. Laina aime son fils et partage avec lui le petit salaire qu'elle gagne comme barmaid. Un jour ou l'autre, espère-t-elle, il prendra la bonne voie, il a juste besoin d'un peu plus de temps.

Pendant qu'il était en prison, elle a rencontré un nouveau compagnon dont elle est amoureuse. Peu après la libération de son fils, elle souhaite présenter l'un à l'autre les deux hommes de sa vie et organise une soirée dans un bar. Un endroit sympathique, une bonne bière, les conditions seront réunies pour une rencontre réussie. Mais comme souvent dans la vie, les choses ne se passent pas du tout comme prévu. Laina et son ami se disputent pour une bêtise. Jukka s'en mêle et en vient aux mains avec le compagnon de sa mère. La soirée se termine plus tôt que prévu et Laina et son fils rentrent seuls à la maison.

Le lendemain, le téléphone sonne chez Laina, mais personne ne décroche. Dans l'appartement, le silence est seulement interrompu par la sonnerie. À l'autre bout du fil, le père de Jukka s'étonne et finit par s'inquiéter. Son fils devait passer chez lui aujourd'hui, mais il n'est pas venu et n'a pas annulé non plus. Jukka devrait être là depuis plusieurs heures déjà et voilà que maintenant, personne ne répond au téléphone. Tout cela n'est pas dans les habitudes de son fils. Il finit par contacter le frère de son ex-femme qui va chercher le double des clés de l'appartement de Laina chez sa mère. Lorsque les deux hommes entrent dans le logement, il semble vide. Ils appellent, mais personne ne répond. Laina devrait pourtant être à la maison pendant la journée puisqu'elle travaille de nuit dans un bar. Peut-être se repose-t-elle ? Les hommes frappent à la porte de la chambre et n'ont pas non plus de réponse. Ils ouvrent la porte et voient Laina endormie, allongée sur son lit. Mais personne n'a un sommeil si profond qu'il ne soit réveillé par des appels ou par des secousses énergiques. Le frère de Laina et son ex-mari appellent la police qui arrive accompagnée d'un médecin. Ce dernier leur confirme ce qu'ils pressentaient : Laina est morte. Mais comment ? Il n'y a pas de sang, elle ne porte pas de traces de coups ni de blessure sur le corps. Selon les premières constatations du médecin, elle est morte de manière naturelle. Elle s'est juste endormie… pour toujours. Mais cette conclusion apaisante pour les proches est rapidement démentie par l'autopsie. Laina a bel et bien été étouffée.

Le compagnon de Laina et son fils sont convoqués au commissariat de police pour être interrogés. Au bout de quelques minutes, les enquêteurs laissent partir le compagnon qui paraît complètement perdu. Il a un alibi et est effondré à l'idée que sa dernière rencontre avec Laina se soit terminée par une dispute. Jukka, pour sa part, s'emmêle dans différentes histoires et passe d'une version à l'autre. Mais il n'y a pas de preuve contre lui et les policiers laissent partir le jeune homme. L'affaire est classée sans suite pendant un an.

Le 26 juillet 1986, le soleil brille comme rarement en Finlande. C'est l'été, la saison des grandes vacances pour de nombreuses familles qui veulent profiter de belles journées. Sarah et Anna ont 12 ans et n'ont pas encore à s'inquiéter à ce sujet. Les vacances d'été leur offrent la liberté et d'innombrables moments de loisirs. Pour les deux adolescentes, la vie s'écoule sans souci. Elles sont ensemble presque chaque jour et se promènent dans la nature en observant les oiseaux ou en mangeant des glaces. Aujourd'hui, elles sont en ville, assises sur leur banc préféré et mangent avec plaisir une glace à la fraise. Elles parlent de l'école, des garçons qui sont mignons et de leurs frères ou sœurs souvent agaçants. Quelle chance d'être de vraies amies. Soudain, une ombre passe sur leurs jeunes visages pleins de vie. Un homme grand, vêtu de noir, se tient juste devant elles et masque le soleil. Sarah et Anna s'étonnent que l'homme porte des pantalons longs alors qu'il fait si chaud. Dans chaque main, il tient une caisse de bières et il demande aux filles si elles peuvent l'aider à les porter jusqu'à son appartement. Il n'habite pas très loin et il leur donnera un peu d'argent pour les remercier de leur aide. Les deux amies ne réfléchissent pas longtemps. Avec cet argent, demain, elles pourront s'offrir une entrée à la piscine. C'est tentant! Sans hésiter, elles suivent cet homme qui va mettre un terme brutal à leur été insouciant.

Quand ils arrivent dans l'appartement, Jukka ferme la porte et invite les filles à entrer dans la chambre où il garde son argent. Elles ont 12 ans, mais sont tellement naïves. Jukka ricane intérieurement à cette pensée. Il se souvient qu'à cet âge-là, il buvait ses premières bières, alors qu'elles, elles suivent sans méfiance un inconnu.

Mais trêve de réflexions ! Dès qu'ils entrent dans la chambre, il saisit fermement Sarah par ses petites épaules. Comme elles sont fragiles à cet âge ! Immédiatement, les filles se mettent à hurler de terreur. « Silence, sinon vous ne sortirez pas d'ici vivantes ! » les menace-t-il. La menace porte ses fruits, les filles se taisent et Sarah se laisse enfermer sans résistance dans la penderie.

Anna regarde Jukka de ses yeux de biche. Une larme coule sur ses joues rondes. « S'il te plaît... », commence-t-elle, mais Jukka ne l'entend plus. Il défait sa ceinture, la retire et la passe autour du cou fragile de la fillette. Il fait plusieurs boucles. Anna tousse et halète, et Jukka défait le bouton de son pantalon avec excitation. Lorsque la fillette s'effondre, il va chercher Sarah dans la penderie et l'oblige à s'allonger à côté de son amie immobile. Jukka s'allonge entre elles et se frotte à leurs petits corps. « Est-ce que tu as déjà fait l'amour ? Je vais faire l'amour avec toi maintenant », gémit-il, et Sarah tremble de terreur. À côté d'elle, Anna a le visage tout bleu et n'ouvre plus les yeux.

Il y a une heure, elles mangeaient une glace ensemble et elles riaient. Dans l'armoire sombre et malodorante, elle s'est pincé plusieurs fois le poignet pour se réveiller de ce cauchemar. Mais elle sait qu'elle ne dort pas et qu'elle doit agir. Elle se lève d'un bond et sort de la chambre en courant, longe le couloir et ouvre la porte de l'appartement, que l'homme n'a heureusement pas fermée à clé. Dans la cage d'escalier, elle appelle à l'aide, ce qui attire rapidement l'attention des voisins. Lorsque les secours arrivent, ils découvrent le corps d'Anna dans l'appartement. Il n'y a aucune trace de Jukka.

Quelques heures plus tard, la police retrouve le fuyard dans la forêt. Il n'est pas allé bien loin. Sa vue met les policiers mal à l'aise. Malgré la chaleur, il porte un haut noir à manches longues et un pantalon long, tout aussi noir, dont la braguette est ouverte. Ses cheveux blonds bouclés partent dans toutes les directions. Il les fixe de ses yeux bleu très clair et son regard est totalement inexpressif. Il mordille constamment sa lèvre inférieure. Les policiers se disent qu'ils ont affaire à un fou, ils lui passent les menottes et le poussent sur la banquette arrière de leur véhicule. Pendant le trajet en direction du commissariat, Jukka bouge d'avant en arrière et répète pour lui-même. « Maman me sauvera, maman me défendra ! »

Pendant son interrogatoire, Jukka avoue qu'il voulait avoir des relations sexuelles avec les deux filles et précise que son intention n'était pas de les tuer. Il parle également de sa mère, sans aucune raison. Il l'a également étranglée, « cette pute ». Il était en colère contre elle parce qu'elle n'avait pas pu le faire sortir du centre de détention pour mineurs qui était pour lui l'enfer absolu. Mais non, elle avait préféré refaire sa vie avec son nouveau compagnon. Même sa belle-sœur avait dû déménager car l'appartement était devenu trop petit. Ce soir-là, lorsqu'il avait vu Laina allongée sur son lit après la dispute, il avait enfilé ses gants bleus et l'avait étranglée avec son écharpe rouge. Il n'en a pas parlé plus tôt parce que ce n'était pas un meurtre. Dans sa tête, sa maman est toujours en vie. Une heure plus tard, Jukka revient sur ses aveux, mais cette rétractation n'a pas convaincu le tribunal. En mars 1987, le jeune homme de 22 ans est condamné à huit ans et six mois de prison pour les deux meurtres, ainsi que pour viol et privation de liberté.

Jukka a purgé environ cinq ans de sa peine lorsqu'il est libéré sur parole. Sa grand-mère Maria l'accueille chez elle. Pendant un an, la vieille dame est sûre que Jukka est enfin sur la bonne voie. Pas d'affaires de drogue, pas de vols ou pire encore. Pendant un an, en effet, la police ne vient pas le chercher.

Un beau jour de juin 1993, la grand-mère de Jukka rentre chez elle après avoir rendu visite à sa sœur. Elle est perdue dans ses pensées. Elle a discuté avec sa sœur, lui a dit combien elle était heureuse de l'évolution positive de son petit-fils. Il n'a pas eu une vie facile et a commis de graves erreurs, mais enfin les choses s'améliorent. Maria ferme la porte d'entrée de l'appartement et va directement à droite où se trouve une petite salle d'eau pour les invités. C'est là qu'elle se lave les mains lorsqu'elle vient de l'extérieur. Cela fait partie de ces automatismes dont on oublie immédiatement les détails par la suite. Ainsi, elle ne remarque le corps au-dessus des toilettes que lorsqu'elle a déjà ouvert le robinet du lavabo. À la vue de la silhouette sombrement vêtue, dont on ne voit que l'arrière de la tête avec une masse de cheveux noirs, le visage étant dans les toilettes, Maria laisse échapper un cri aigu. Elle se précipite hors de la pièce et appelle la police. Le robinet coule encore à l'arrivée des enquêteurs. Ils le ferment et le silence revient.

Le corps est celui d'une jeune femme nommée Eya. Des traces rouges de strangulation apparaissent nettement autour de son cou et son visage est bleu. Les enquêteurs savent immédiatement qui ils doivent interroger. Dans un premier temps, Jukka nie, mais après quelques minutes, il avoue qu'il voulait juste coucher avec Eya. Il lui aurait révélé son goût pour la strangulation et lui aurait proposé d'essayer ensemble. Eya n'aurait pas dit non. Il aurait alors pris la serviette de la salle d'eau des invités et aurait serré. Ce n'est que lorsqu'Eya est tombée qu'il a lâché prise. Il lui a fallu quelques secondes pour comprendre ce qui s'était passé et il a paniqué. Lorsque l'on a sonné à la porte, il a transporté le corps dans la salle d'eau, l'a mis sur les toilettes et, par réflexe, s'est enfui vers la tombe de sa mère, où il a passé de nombreuses heures. Il s'agirait, dit-il, d'un accident. Une expertise psychiatrique montre que Jukka, malgré sa perversion sexuelle extrême, est entièrement responsable de son acte. Ainsi, le 13 décembre 1993, il est condamné à 10 ans et demi de prison pour le meurtre de sa petite amie Eya.

Jukka purge les deux tiers de sa peine de prison sans incident particulier. En 2000, il a 35 ans, et il commence à porter des vêtements féminins et à se maquiller. Le directeur de la prison interdit un tel comportement et il n'est plus autorisé à commander des vêtements féminins et du maquillage. Jukka dépose une plainte qui est rejetée par la direction pour sa propre protection. Les autres détenus pourraient en effet se sentir agressés ou provoqués par cette attitude. Jukka finit par accepter l'interdiction et revient à son ancien style vestimentaire.

Il se tourne désormais vers la religion, devient catholique et épouse une de ses codétenues, Hannele Pentholm, qui purge une peine de prison à vie pour le meurtre de son mari. En plus d'adopter le nom de famille de sa femme, il fait également changer son prénom en « Michael Maria ». Pour lui, ces démarches représentent certainement un nouveau départ. Les deux condamnés restent ensemble pendant quelques années, jusqu'à ce que Jukka soit libéré de prison fin 2008. Après avoir divorcé, il abandonne le nom de famille de son ex-femme et le change encore une fois. Il entame sa nouvelle vie sous le nom de « Michael Maria Penttilä ».

Pendant quelques mois, cette nouvelle étape en tant qu'homme libre se déroule tranquillement et Michael Maria Penttilä ne commet aucun méfait. Mais, quelque chose va se passer en août 2009. Il fait venir une masseuse pour une visite à domicile. Avant même qu'elle installe sa table, deux grandes mains gantées de cuir s'enroulent autour de son cou. Michael fait entrer de force la femme dans sa chambre et la pousse sur son lit, ses mains toujours serrées autour de son cou. La femme voit bien que Michael est beaucoup plus fort qu'elle. Elle essaie alors de lui parler. Au début, son agresseur n'entend rien, il est obnubilé par ses mains qui l'étranglent. Mais après quelques longues minutes, il la lâche. Elle lui caresse le bras maternellement et propose qu'ils prennent un café ensemble pour discuter de tout cela. Comme en transe, Michael se rend à la cuisine, prépare deux tasses de café et discute avec la femme dont il tenait la vie entre ses mains quelques instants auparavant. Au bout d'une heure, la masseuse prend congé et quitte l'appartement sans dommage, du moins sur le plan physique. En guise d'adieu, Michael lui donne un baiser sur le front.

Des incidents comme celui-ci se multiplient dans les jours qui suivent. Un mois plus tard, en septembre 2009, Michael, qui a maintenant 44 ans, engage une femme de ménage et l'étrangle en la saisissant par-derrière. Elle parvient à lui mordre la main et à s'enfuir. Trois semaines plus tard, il agresse une autre femme de ménage de la même manière ; elle aussi parvient à s'échapper. Dans sa déclaration à la police, il affirmera plus tard qu'il est très seul et qu'il a besoin d'amour. Il voulait « juste s'amuser un peu en pratiquant le sadomasochisme » avec les femmes, mais pas les tuer. En juin 2010, Michael est condamné à une nouvelle peine de six ans de prison et il doit verser 7 000 euros de dommages et intérêts à ses victimes pour les souffrances qu'elles ont subies. Lors d'une expertise psychiatrique réalisée dans le cadre de ce nouveau procès, Michael est considéré comme particulièrement dangereux pour la société. Il est fortement déconseillé de convertir sa détention en une peine avec sursis.

Malgré cet avertissement pourtant clair, Michael jouit de certaines libertés en détention. Il bénéficie ainsi de permissions de sortie régulières. En octobre 2015, il ne revient pas d'une sortie au centre commercial. Il s'est évadé. La police le retrouve un jour plus tard et le ramène dans sa cellule. À Noël 2016, environ quatre ans avant la fin de sa peine, Michael obtient sa liberté conditionnelle. Il est dehors, une fois de plus, et malgré les contre-indications de l'expertise psychiatrique.

Suivant ses habitudes, Michael se fait discret dans un premier temps. Il passe son temps sur des sites de rencontre sur Internet et écrit à des femmes. L'une d'entre elles l'attire particulièrement. Elle s'appelle Susi et a une vingtaine d'années. Lorsqu'il regarde ses photos, il est fasciné par ses longs cheveux noirs, sa peau claire et son cou si fin. Il a envie de mettre ses mains autour et de serrer. Avec une écharpe ou un foulard, il s'amuserait beaucoup. Michael essaie de se masturber en y pensant, mais il n'y parvient pas.

Un après-midi, Michael regarde par la fenêtre et voit une fille du quartier. Une beauté aux longs cheveux noirs et à la silhouette mince et sportive. La chance est avec lui. Elle habite dans l'immeuble juste en face du sien. Elle s'appelle Emi, elle a 17 ans et c'est sa voisine.

En ce vendredi d'avril 2017, comme tous les après-midis en rentrant du lycée, Emi regarde dans sa boîte aux lettres. Elle y trouve une lettre bizarre. Sur l'enveloppe, il est écrit « Susi » d'une écriture maladroite, presque enfantine. « Susi », ça ne lui dit rien. Ses parents sont sortis, elle s'ennuie un peu et comme elle est curieuse, elle ouvre la lettre, même si elle sait qu'il ne faut pas ouvrir le courrier des autres. À ce moment-là, l'adolescente ne se doute pas encore que c'est sa curiosité qui va lui sauver la vie. Elle lit. Le contenu est bizarre et même angoissant : « Bonjour Susi. Si tu souhaites me rencontrer et faire ma connaissance, fais-le moi savoir. Je fréquente différents sites de rencontre, mais je n'aime pas chatter. La plupart du temps, cela ne mène à rien, et je cherche une petite amie sérieuse, pas seulement une aventure d'un soir. Je t'ai vue plusieurs fois. Je te trouve très jolie et tu as un corps de rêve. Je t'écris ici mon numéro de téléphone si tu veux me contacter. Tu peux aussi m'appeler par la fenêtre si tu veux me rencontrer. J'aime les femmes étrangères. À bientôt. Arrivederci de Michael. »

Dégoûtée, Emi laisse tomber la feuille. Des femmes étrangères ? Des sites de rencontre ? Ces mots n'ont aucun sens. Elle enregistre le numéro de téléphone dans son portable, mais ce Michael n'est pas sur WhatsApp. C'est étrange. Elle finit par trouver ce qu'elle cherche sur Instagram et découvre un profil associé au numéro, appelé « Gant de cuir ». En regardant les photos, elle frissonne. Ces longs cheveux fins ébouriffés, ce front haut et ce regard vide et fou, c'est lui, sans aucun doute. C'est l'étrangleur en série qui lui a écrit une lettre. Emi ferme toutes les portes à clé, descend tous les volets et se réfugie dans sa chambre avec un couteau de cuisine. Immédiatement, elle se remémore un incident survenu quelques mois plus tôt. En janvier, un soir où ses parents étaient absents comme aujourd'hui, elle avait entendu un grattement à la porte, comme si quelqu'un essayait d'entrer. En regardant par le judas, elle avait vu un homme. Elle avait crié et l'homme s'était enfui. Est-ce que c'était déjà l'étrangleur ? Elle regarde désespérément son téléphone portable. Elle a déjà appelé son père quelques minutes auparavant et attend maintenant qu'il la rappelle. Des larmes coulent sur ses joues. Elle ne veut pas mourir, elle a encore tant de choses à faire, sa vie ne fait que commencer, et voilà qu'un tueur en série la prend pour cible. La sonnerie de son téléphone la fait sursauter et la ramène au présent. À bout de souffle, elle explique à son père ce qui s'est passé. Ses parents prennent immédiatement le chemin du retour.

Les policiers arrivent presque en même temps que les parents d'Emi. Après avoir écouté le témoignage de la jeune fille, ils traversent la rue et sonnent à la porte de Michael. Celui-ci affirme avoir confondu Emi avec Susi de son site de rencontres. Mais la femme sur les photos du site ne ressemble pas du tout à sa voisine de 17 ans. Emi et ses parents portent plainte. Le tribunal décide que Michael, 52 ans, ne sera pas placé en détention provisoire avant le début du procès. Personne n'a été blessé et c'est parole contre parole. Michael assure qu'il veut changer et mener une nouvelle vie. En juillet 2017, il est acquitté.

Emi et ses parents font appel de la décision mais Michael continue de vivre en liberté en attendant le nouveau procès. Le 13 avril 2018, il achète un téléphone portable prépayé et appelle Linda, une prostituée de 52 ans. Il souhaite prendre rendez-vous pour le soir même. Linda accepte et l'invite à venir chez elle. Outre ses longs vêtements noirs, il porte des lunettes de soleil lorsqu'il arrive chez Linda. Il ne les enlève qu'après avoir fermé la porte derrière lui. Immédiatement, la femme le reconnaît et prend peur. « C'est toi l'étrangleur ! Espèce de monstre ! » Dans la tête de Michael, tout se fige. Il fixe Linda, son regard est vide et il retire sa ceinture. Il la passe autour du cou de la femme et serre. Il ne lâche prise que lorsque Linda s'effondre. Il dépose ensuite le corps sur le lit et reste deux jours dans l'appartement pour effacer ses traces. Lorsque le corps est découvert trois semaines plus tard, le 4 mai 2018, les enquêteurs ne trouvent pas d'ADN ni d'empreintes digitales sur la scène de crime. Sur la ceinture de Michael, ils trouvent toutefois l'ADN de la victime.

L'autopsie révèle que Linda a lutté entre six et huit minutes pour survivre. Son agonie a été longue et douloureuse. Chaque fois qu'elle était sur le point de perdre connaissance, il relâchait la pression, puis recommençait à serrer encore plus fort.

Le procès en appel pour l'affaire Emi a lieu quelques jours plus tard. Cette fois-ci, le parquet obtient une peine de prison de deux ans et six mois, ainsi que 4 000 euros de dommages et intérêts pour le préjudice porté à la jeune fille.

En juillet 2018, Michael est reconnu coupable du meurtre de Linda et condamné à la prison à vie. Il doit en outre verser

3 000 euros à la mère de la victime pour les funérailles de sa fille et 10 000 euros de dommages et intérêts.

En 2019, Michael a demandé une nouvelle expertise psychiatrique. Comme les précédentes, celle-ci confirme qu'il souffre d'une forme aiguë de perversion sexuelle. Ses préférences, qu'il s'agisse du bondage ou de la strangulation, sont certes très répandues et n'ont rien d'exceptionnel, mais il faut que les deux parties soient consentantes.

Michael est un cas extrême, puisqu'il n'est capable d'avoir des relations sexuelles qu'en étranglant violemment une partenaire contre sa volonté. Les spécialistes n'ont pas encore déterminé si ce diagnostic diminue sa responsabilité et par conséquent sa condamnation à vie. La procédure d'appel est en cours.

Le cas de Michael Maria Penttilä a choqué la Finlande jusqu'à aujourd'hui. Entre les années 1985 et 2018, l'étrangleur en série a tué quatre personnes. Pendant des décennies, de nombreuses femmes ont eu peur d'être agressées et de mourir. Ce cas, unique par sa cruauté, est connu au-delà des frontières nationales. Même le FBI a analysé le cas de Michael qui reste le seul tueur en série finlandais connu à ce jour.

CHAPITRE 9

24 minutes

(Par Lisa Bielec / Mordgeflüster der Podcast)

La matinée du mercredi 7 novembre 2007 est froide et grise dans la petite ville de Jokela. Cette bourgade de 6000 habitants fait partie de l'agglomération de Tuusula, à une heure de route au nord d'Helsinki. Les prix des loyers et de l'immobilier y sont abordables, mais en contrepartie on doit renoncer aux nombreuses commodités que l'on trouve dans les grandes villes. Cela ne dérange pas les habitants de Jokela qui utilisent régulièrement la célèbre gare, un bâtiment de bois datant de 1875, pour faire la navette entre leur petite ville et les communes environnantes. Certes, il n'y a pas beaucoup d'activité, mais la nature est toute proche et ceux qui apprécient la tranquillité, le calme et la convivialité sont au bon endroit. Ici, on échappe au stress quotidien. Si le temps le permet, on s'arrête chez les voisins pour faire un brin de conversation ou on va chercher une glace dans le petit centre-ville pour la manger tranquillement en rentrant chez soi.

Jokela est une petite ville finlandaise tout à fait normale, et le serait restée s'il n'y avait pas eu ce mercredi noir qu'aucun des habitants n'a oublié.

En 1996, le nom de la ville était déjà apparu dans les médias suite à un terrible accident. Un train rapide avait déraillé, faisant quatre morts et 75 blessés, parfois gravement. À l'époque, la ville avait mis du temps à se remettre de cet événement. Personne ne pouvait se douter à ce moment-là qu'il ne serait pas le seul et qu'à peine 11 ans plus tard, la petite ville allait de nouveau être confrontée à un drame encore plus grave qui ferait de nouveau la une des journaux scandinaves.

Pekka Eric Auvinen, 18 ans en 2007, vit dans une petite maison de Jokela avec sa mère Mikaela Vuorio et son père Ismo Auvinen, musicien de profession. Pekka Eric doit son nom aux deux guitaristes préférés de son père : Pekka Kiviaho et Eric Clapton.

La journée du mercredi 7 novembre 2007 commence normalement pour tout le monde. Les habitants se lèvent, se douchent, prennent leur petit déjeuner et disent au revoir à leurs proches avant de prendre le chemin du travail ou de l'école. Alors que la plupart des gens pensent à ce qu'ils vont manger à midi ou aux rendez-vous qui les attendent l'après-midi, Pekka Eric a en tête quelque chose de très différent.

C'est aujourd'hui qu'il va mettre son plan à exécution. Cela fait très longtemps qu'il en a envie et il n'a rien voulu laisser au hasard. Tout a été planifié et réfléchi avec précision. Il sait précisément ce qu'il va faire dans les prochaines heures. Rien ne peut l'arrêter et personne n'a la moindre idée de ce que le jeune homme de 18 ans a en tête.

Vers 11 h 40, il entre dans le bâtiment du lycée. Il a manqué le premier cours. En Finlande, les cours commencent à 9 heures du matin.

Mais aujourd'hui, Pekka n'est pas venu pour suivre ses cours. Aujourd'hui, il est venu avec Cathrine. C'est ainsi qu'il appelle son pistolet semi-automatique Sig Sauer de calibre 22. Une arme semi-automatique se recharge automatiquement et est prête à tirer avec un léger retard dès que l'on appuie à nouveau sur la détente. Lorsque l'on se trouve face à une telle arme, on n'a guère le temps de réagir.

Immédiatement après avoir pénétré dans le bâtiment, Pekka Eric tire sans sommation sur Sameli Nurmi, un élève de 17 ans qui se trouve dans le hall d'entrée. Ce tir marque le début de 24 minutes de terreur et de mort.

Au même moment, l'infirmière scolaire Sirkka Kaarakka est dans les toilettes. Alors qu'elle se lave les mains et réfléchit à ce qui l'attend encore ce mercredi, elle sursaute. A-t-elle entendu un coup de feu? Elle s'immobilise, mais ne perçoit pas d'autre bruit. L'infirmière fait non de la tête pour elle-même et sourit de ses craintes. Elle a dû voir trop de films d'action. Elle travaille dans un lycée en Finlande, un pays sûr, et pas dans une zone de guerre.

Pourtant, il lui semble entendre des cris ! Juste à côté ! Maintenant, elle entend très clairement des coups de feu. Un, puis deux, puis trois. Puis le silence. Le sang se glace dans les veines de Sirkka. Que se passe-t-il ? Elle doit aller voir si quelqu'un a besoin d'aide. Elle ouvre la porte et n'en croit pas ses yeux quand elle voit des élèves couverts de sang gisant sur le sol. Elle attrape rapidement son téléphone portable, compose le numéro des secours et crie aux élèves qui sont dans le couloir de courir se cacher. D'autres coups de feu retentissent. Puis, il est là, devant elle. Elle le connaît, c'est un élève du lycée. Elle essaie de lui parler, de l'apaiser. Sans succès. Pekka Eric abat l'infirmière de 41 ans à bout portant, sans sourciller.

Le forcené est sous l'effet d'un trop plein d'adrénaline. Son plan fonctionne. Pendant que l'infirmière appelait les secours, il a abattu quatre autres élèves qui étaient en train de fuir, paniqués. Eux non plus n'avaient aucune chance de s'échapper.

Un élève réussit toutefois à prévenir une employée qui contacte immédiatement la principale, Helene Kalmi. Celle-ci lance alors un nouvel appel d'urgence et avertit de la situation les quelque 50 enseignants et 500 élèves par le biais des haut-parleurs installés dans le bâtiment. Elle demande à tout le monde d'aller dans les salles de classe et de s'y barricader.

Il n'y a maintenant plus personne dans les couloirs et Pekka Eric ne peut pas rentrer dans les classes. Frustré et en colère, il tire 53 coups de feu dans les couloirs, mais n'atteint personne. Soudain, il croise la mère d'un élève. La femme se retrouve nez à nez avec la mort. Il va pour l'abattre, mais, étonnamment, il se détourne d'elle au dernier moment.

Comme il n'a pas obtenu le succès qu'il espérait au rez-de-chaussée, Pekka monte au premier étage. Deux élèves qui n'ont pas réussi à entrer à temps dans les salles de classe verrouillées sont dans les couloirs à la recherche d'un abri. Le tireur fou les abat dès qu'il les voit. Au premier étage, toutes les portes des salles de classe sont fermées. Pekka se précipite alors vers la cafeteria où d'autres élèves se sont barricadés. Le forcené tente d'y pénétrer, mais il n'y parvient pas. Les élèves ont eux-mêmes bricolé, et de façon efficace, la fermeture des portes.

Pekka Eric ne s'attendait pas à une telle résistance. Il quitte le bâtiment et va chercher d'autres victimes dans la cour. Il y croise la principale qui a quitté son bureau pour aller attendre les secours. Courageusement, Helene Kalmi tente de calmer le jeune homme et de le convaincre de poser son arme. Mais elle ne réussit pas et Pekka Eric tire sept balles dans la tête de cette femme de 61 ans sans défense. Elle est morte à l'arrivée des secours.

Comme un enragé, Pekka Eric remonte alors au premier étage du bâtiment, asperge le sol d'essence, mais n'arrive pas à enflammer le liquide avec des allumettes.

Toutes les salles de classe étant fermées, Pekka Eric essaie d'entrer en donnant des coups dans les portes. Et une porte cède. Des dizaines d'yeux terrifiés se tournent vers lui. Le jeune homme commence alors un discours exalté, il parle de révolte, il demande aux élèves de démolir le matériel scolaire. Il tire avec son pistolet sur les fenêtres et sur la télévision qui se trouve dans la salle. Par miracle, il épargne les élèves.

Alors que des scènes terribles se déroulent dans le bâtiment, la police et les services de secours arrivent dans la cour intérieure de l'école. Ils tentent d'abord d'entrer en contact avec le forcené et n'obtiennent pas de réponse. Au lieu de cela, le jeune homme tire dans tous les sens, heureusement sans blesser personne.

À peine 24 minutes après le début de l'attaque, Pekka Eric se dirige vers les toilettes, car la fin de son acte a également été planifiée avec précision. Une fois dans la pièce, il retire sa veste et son sac, les pose soigneusement sur le sol à côté de lui et se tire une balle dans la tête. Il est 12 h 04.

Lorsque les équipes spéciales d'intervention commencent à évacuer les élèves terrifiés, elles trouvent Pekka Eric Auvinen, grièvement blessé, dans les toilettes. Il est immédiatement transporté à l'hôpital le plus proche. Les enquêteurs veulent éclaircir les circonstances de l'attaque et en connaître les raisons. Mais la blessure de Pekka est trop grave et il meurt quelques heures après son arrivée à l'hôpital.

Pekka Eric Auvinen est resté exactement 24 minutes à l'intérieur du lycée. 24 minutes au cours desquelles il a exécuté huit innocents. Ces minutes ont dû ressembler à des heures pour ceux qui les ont vécues. Il a tiré 75 coups de feu. Sur le sol des toilettes, les enquêteurs ont saisi des chargeurs contenant au total 328 balles.

Les victimes de la tuerie de Jokela sont cinq élèves âgés de 16 à 18 ans, une jeune femme de 25 ans qui était en train de passer son diplôme de fin d'études, l'infirmière de 41 ans et la principale de 61 ans.

La nouvelle de la tuerie s'est répandue en quelques heures bien au-delà de la petite ville de Jokela et des frontières finlandaises. C'est le monde qui, une fois encore, doit assimiler ce qui s'est passé. La question du « pourquoi » revient sans cesse. Le coupable s'étant soustrait à sa responsabilité en se suicidant, le travail des enquêteurs va être d'une importance capitale.

Les policiers se mettent immédiatement au travail. Au cours des semaines qui suivent, ils fouillent et analysent toute la vie de Pekka Eric. Ils découvrent rapidement sa chaîne YouTube, sur laquelle il a téléchargé quelques vidéos où il se filme en train de tirer sur différents objets.

Dans ses vidéos, il exprime sa fascination pour un autre massacre scolaire, la tuerie du lycée Columbine, le 20 avril 1999 à Littleton aux États-Unis. À l'époque, deux jeunes forcenés avaient tué 12 élèves et un professeur. Jusqu'à aujourd'hui, il n'a pas été possible de déterminer avec certitude s'il s'agissait d'un acte raciste. L'un des auteurs était considéré comme un extrémiste de droite et l'enquête avait noté que le 20 avril est la date de naissance d'Adolf Hitler.

Pekka Eric admire en tout cas l'organisation avec laquelle les deux adolescents ont commis leur acte et s'en inspire pour son projet. Lui aussi veut faire le plus de dégâts possible en un minimum de temps.

Sur divers forums Internet, il se décrit comme un existentialiste cynique. Sous le pseudonyme de « Natural Selector 89 », il rédige des pages et des pages dans lesquelles il donne son opinion sur les gens et décrit sa vision du monde. Ce pseudonyme a un sens bien réfléchi. « Natural Selector » fait référence au fondateur de la théorie de l'évolution Charles Darwin et à son livre, *L'Origine des espèces.* Selon Darwin, les espèces animales et végétales ont évolué en suivant le principe de la sélection naturelle. Ce sont les individus les mieux adaptés qui survivent. Le plus fort s'impose, le plus faible meurt. Pekka Eric méprisait les personnes faibles et considérait, par principe, la majeure partie de l'humanité comme tout à fait inutile. Le chiffre 89 correspond à son année de naissance.

Alors que la police mène l'enquête tambour battant, les habitants de Jokela sont sous le choc. Tous se posent la même question : pourquoi ? Comment en est-on arrivé là ? Pourquoi personne n'a reconnu les signaux, pourtant nombreux ? Après avoir révélé au public que Pekka Eric avait une fascination pour les auteurs de la tuerie de Columbine, certains en viennent même à se demander si le meurtre est contagieux.

Pendant ce temps, les enquêteurs continuent de se plonger de plus en plus dans la vie de Pekka Eric Auvinen et reconstruisent les jours précédant le crime.

Un mois avant les meurtres, le jeune homme, inscrit comme adhérent dans un club de tir sportif, avait demandé un permis de port d'armes, qui lui avait été accordé. Il avait acheté l'arme avec laquelle il a abattu ses victimes, cinq jours avant son équipée meurtrière.

Au début, Pekka Eric voulait réaliser son projet avec un Glock 9 mm, l'une des armes de poing les plus puissantes sur le marché. Cependant, étant donné qu'en Finlande tous les achats d'armes doivent être approuvés par la police, et que les autorités lui ont refusé l'achat d'une telle arme en raison de son âge, il a dû se rabattre sur une arme d'un calibre inférieur.

L'enquête montre également que le jeune homme avait fait régulièrement allusion à la violence et au racisme dans divers groupes sur Internet avant de passer à l'acte. Il avait déclaré vouloir se battre pour « sa cause » et être prêt à mourir pour ses convictions. Pekka avait ainsi annoncé son suicide et indiqué qu'il voulait éliminer tous ceux qu'il jugeait trop faibles ou qu'il considérait comme des ratés étant donné que ces personnes seraient, de toute façon, victimes de la sélection naturelle. La sélection naturelle telle qu'il la voyait, évidemment.

Personne n'avait pris ses discours au sérieux ou, en tout cas, ne s'attendait à ce que la folie meurtrière du jeune homme entre dans l'histoire finlandaise comme responsable d'un des pires massacres que le pays a connu.

Mais qui était vraiment Pekka Eric Auvinen et comment est-il devenu ce tueur au sang-froid ? A priori, la famille Auvinen est une famille normale. Les parents et le jeune homme lui-même s'intéressent beaucoup à la littérature et à la musique. Rien n'indique que Pekka Eric a été élevé dans un foyer sans amour ou violent. Au contraire, ses parents ont toujours essayé de lui offrir ce dont il avait besoin et l'ont soutenu autant qu'ils le pouvaient.

Pekka est né le 4 juin 1989. Dès l'école primaire, il montre une personnalité particulière. Il porte souvent un costume et utilise un porte-documents au lieu d'un cartable ou d'un sac à dos. Il est certes très doué, mais peu sûr de lui et extrêmement timide. Il rougit facilement et n'est pas très bien vu par ses camarades de classe. Il devient rapidement victime de harcèlement et ne supporte plus l'école.

Pekka en parle à ses parents qui prennent la situation très au sérieux et contactent immédiatement la direction de l'école. Mais celle-ci ne réagit pas aux demandes et ne fait rien pour soutenir Pekka. Le garçon et ses parents sont seuls face au problème. Les parents impuissants voient souffrir leur enfant qui finit par se retirer de toute vie sociale et devient de plus en plus solitaire. Plus Pekka grandit, plus son mépris pour les élèves de son âge augmente. Même s'il a quelques amis, le garçon est massivement harcelé et mis à l'écart et cela continue jusqu'au lycée. Il développe des phobies sociales et souffre de crises de panique, contre lesquelles le médecin de famille prescrit des antidépresseurs. Il a la possibilité de demander les ordonnances par téléphone. C'est peut-être la raison pour laquelle le médecin n'a pas pu évaluer précisément l'état mental de l'adolescent ou se rendre compte des difficultés qu'il traverse.

Les parents de Pekka Eric voient clairement la souffrance de leur enfant et tentent à nouveau d'obtenir l'aide urgente dont il a besoin. Début 2007, ils s'adressent à un service de psychiatrie pour enfants et adolescents. Ils ont compris depuis longtemps que les comprimés ne suffisent plus. Mais là encore, ils se heurtent à des portes closes ; les symptômes de Pekka Eric sont trop légers. Personne ne les aide dans leur démarche et la famille se retrouve à nouveau seule avec ses soucis.

Les parents de Pekka tentent ensuite de trouver par leurs propres moyens un psychologue qui puisse aider leur fils. Mais les listes d'attente sont longues et les possibilités de rendez-vous sont à des dates trop éloignées. Personne ne semble se rendre compte de la gravité des problèmes de l'adolescent et des plans qu'il élabore.

Pekka s'isole de plus en plus et passe presque tout son temps seul à la maison devant l'ordinateur. Il traîne sur les forums Internet, fait des recherches sur divers sujets, tourne ses vidéos YouTube ou s'amuse à tirer sur diverses cibles.

C'est en jouant sur Internet que Pekka rencontre sa première copine. C'est une relation qui se déroule exclusivement dans le monde virtuel, il n'y a jamais eu de rencontre réelle entre eux, mais ils sont très amoureux. Au début, il semble que la situation de Pekka se stabilise. Mais après que la fille a rompu et l'a même ridiculisé et mis à nu en public sur la toile, son état s'aggrave de jour en jour.

Dès lors, les autres élèves et l'assistante sociale de l'école remarquent que Pekka va de plus en plus mal. Il devient encore plus agressif et cynique et clame violemment ses opinions, toutes négatives, sur la société et l'humanité. Il parle de « révolution blanche » et exalte les idées des extrémistes violents.

C'est alors que la principale du lycée est informée du comportement de Pekka Eric. Comme le jeune homme est majeur à ce moment-là, ses parents ne sont toutefois pas avertis du contenu de la conversation et de l'attitude de leur fils. Peu avant de passer à l'acte, Pekka Eric manifeste de plus en plus son vif intérêt pour la politique et le fascisme. Il désigne Hitler et Staline comme ses grands modèles et envisage, devant ses amis, d'émigrer en Corée du Nord. Dans l'une de ses dernières vidéos YouTube, il dit en avoir assez et être prêt à mourir pour une cause qu'il sait juste. Il préfère mourir en se battant plutôt que de mener une longue vie malheureuse.

Maintenant que tous les faits ont été rendus publics, de nombreuses personnes se demandent si la tuerie n'aurait pas pu être évitée si les différents services auxquels les parents de Pekka se sont adressés avaient pris en compte les problèmes. Dans cette optique où l'auteur de la tuerie est également une victime, l'affaire devient encore plus tragique. L'aide que Pekka et ses parents ont tant recherché aurait peut-être pu le sauver et sauver la vie de ses victimes.

Moins d'un an après la tuerie de Jokela, un autre jeune homme commet un nouveau massacre scolaire en Finlande. Matti Juhani Saari tue neuf élèves et un enseignant et blesse dix autres personnes. Pour commettre son acte, il utilise une arme à feu et des cocktails Molotov. Il retourne ensuite l'arme contre lui et se tire une balle dans le visage.

Malheureusement, il existe de nombreuses similitudes entre Pekka Eric et Matti Juhani Saari, dans leur mort comme dans leur vie. On saura plus tard que Matti avait lui aussi été harcelé et traité comme un paria pendant sa scolarité. Il admirait lui aussi le massacre de Columbine et s'en était inspiré pour planifier son propre projet, tout comme l'a fait Pekka Eric Auvinen. Et enfin, tous les deux avaient laissé des notes sur leur peu d'estime pour l'humanité et avaient souffert de maladies mentales.

Le fait que la détention d'armes à feu soit légale en Finlande, notamment en raison de la pratique courante de la chasse, est considéré comme un problème grave. Toute personne de plus de 18 ans peut demander un permis de port d'armes. Il n'est même pas nécessaire d'avoir suivi une formation ou d'être titulaire d'une licence de tir sportif. Au cours des neuf mois qui ont séparé les deux tueries, la Finlande a décompté 86 menaces sérieuses de fusillades dans les écoles. C'est pour cette raison que la loi sur les armes a été revue et renforcée après l'acte de Matti Juhani Saari.

La commission a décidé de relever de 18 à 20 ans l'âge minimum pour la possession d'une arme. En outre, toute personne demandant un permis de port d'armes doit être membre d'un club de tir depuis au moins deux ans. Pekka Eric s'était inscrit au club de tir en août, soit moins de trois mois avant de commettre son crime. Selon les personnes informées, il a participé à une seule séance d'entraînement avant d'obtenir sa licence en octobre.

Ces tueries ont influencé les décisions politiques et ont aussi sensibilisé les autorités et les services sociaux afin qu'ils prennent plus au sérieux les personnes en quête d'aide. Les enseignants et les élèves ont été sensibilisés au problème du harcèlement moral et de ses conséquences possibles, comme dans le cas, certes extrême, de Pekka Eric Auvinen. Une loi plus sévère sur les armes est entrée en vigueur en 2008, quelques jours après la tuerie de Matti Juhani Saari. Depuis lors, il y a eu des menaces, mais pas de fusillades ou d'attentats.

Pour les familles des victimes, il restera toujours une chaise vide à la table du dîner. C'est aussi le cas pour les parents de Pekka Eric Auvinen, qui non seulement pleurent leur fils, mais doivent également faire face aux conséquences de son acte et aux questions qui en découlent. Auraient-ils dû, auraient-ils pu faire plus ? La Finlande et la petite ville de Jokela, n'oublieront jamais la tuerie du 7 novembre 2007.

CHAPITRE 10

Princesse

« Ne sois pas triste, maman, je vais y arriver », dit la fillette blonde tout juste âgée de huit ans pour rassurer sa mère inquiète. Son visage rond essaie de montrer de la confiance. Elle est encore si jeune, mais elle sait instinctivement à quel point ce moment doit être difficile pour sa mère. En effet, elle vient de transmettre à sa maman un terrible message qui leur transperce le cœur à toutes les deux : « Je ne reviendrai jamais à la maison ». Son papa et sa belle-mère lui ont dit qu'elle ne reverrait plus jamais sa mère. C'est un message cruel, mais ce que ni l'une ni l'autre ne soupçonnent, c'est qu'il n'est que le signal de quelque chose d'encore plus terrible.

Cette petite fille courageuse s'appelle Eerika Heleen Tarkki. Elle est née le 6 avril 2004 à Helsinki, dans le quartier de Mellunmäki et dans des circonstances difficiles. Le mariage de ses parents tire à sa fin. Son père, Touko, bat sa femme et il est en outre accusé, à l'époque, d'un délit sexuel. Quatre mois après la naissance de leur bébé, les parents se séparent.

La période qui suit le divorce est difficile pour la jeune mère qui tente de noyer ses soucis dans l'alcool. Au début, elle reste discrète pour que cela ne se remarque pas trop, mais en 2010, elle ne peut plus cacher le problème. Sa dépendance à l'alcool a atteint un tel niveau que la jeune femme ne peut plus s'occuper de sa fille adorée de manière fiable. Alertés, les services sociaux décident qu'il est urgent d'agir, le bien-être de l'enfant étant menacé. Mais il n'y a, à ce moment-là, aucun centre d'accueil approprié ni aucune place dans un foyer pour enfants et la petite fille de six ans est confiée à la garde de son père Touko et de sa nouvelle compagne. Le couple obtient donc la garde de la fillette.

À cette époque, Eerika est décrite comme une enfant joyeuse, éveillée, intelligente, créative et qui aime bouger. Sur les photos, on voit une fillette rondelette, au regard vif, rayonnante de bonheur. Elle a des couettes blondes, dans le genre de Fifi Brindacier. Elle chante dans une chorale d'enfants et adore son lapin, dont elle s'occupe avec amour. Mais son rêve le plus cher est d'être une princesse. Une princesse avec une couronne qui brille. Peut-être parce qu'elle a déjà vu et entendu beaucoup d'histoires de princesses en cette période où sa jeune vie va changer de manière décisive. Des histoires dans lesquelles les jeunes filles doivent courageusement surmonter d'innombrables dangers avant de rencontrer le prince charmant. C'est peut-être dans ces histoires et dans ces rêves qu'elle se réfugie après avoir déménagé chez son père. En effet, la fillette aura besoin de toute son imagination et de toute sa force pour supporter ce qui l'attend au cours des deux années à venir et qui dépasse les forces humaines ; mais personne ne le sait encore à ce moment-là.

Touko Tarkki, le père d'Eerika, vit avec sa nouvelle compagne dans un logement d'une pièce du quartier de Puotila à Helsinki. C'est un appartement bien trop petit pour qu'ils puissent y vivre à trois, mais les services sociaux n'ont pas d'autre solution pour la petite fille de six ans et le père promet de rechercher au plus vite un appartement plus grand. Eerika emménage donc chez lui.

Sa compagne, Nadia Berough, s'occupe désormais de la petite Eerika avec Touko. Le couple se connaît depuis quelques années déjà et Touko est amoureux de cette chirurgienne du cerveau d'origine franco-marocaine qui a notamment exercé à Nice, en France. Nadia assure qu'elle a été enceinte quatre fois et les collaborateurs du Service de protection de la jeunesse sont convaincus qu'Eerika sera mieux ici qu'auprès de sa maman alcoolique.

Les voisins savent que Nadia souffre d'une tumeur au cerveau et qu'elle prend des médicaments puissants. Des rumeurs circulent selon lesquelles Touko consommerait la morphine de Nadia. Les voisins et les connaissances pensent que Touko est parfois sous l'influence de stupéfiants. Sa diction est brouillée et il leur donne l'impression d'être désorienté.

Le prénom d'Eerika est le choix de sa mère et la fillette a été appelée ainsi pendant six ans et deux mois. C'étaient alors des temps heureux où elle se sentait aimée malgré des conditions de vie difficiles avec une mère alcoolique. Lorsque Eerika emménage chez Touko et Nadia, beaucoup de choses changent, même son prénom. Désormais, on l'appelle Vilja. Les raisons de ce changement ne sont pas connues. Peut-être est-ce à cause d'une forte aversion de Touko envers son ex-femme ou parce que Nadia n'aimait pas le prénom d'Eerika.

La cohabitation dans l'unique pièce est difficile. En effet, bien que Tarkki ait promis qu'il chercherait un appartement plus grand, il n'en fait rien. La famille doit s'arranger pour vivre dans un espace restreint et les problèmes surgissent rapidement. Nadia se plaint que la fille de Touko est mal élevée et que l'on doit maintenant lui imposer des limites. Pour appuyer ses dires, Nadia affirme à plusieurs personnes qu'Eerika a recouvert les murs des toilettes d'excréments. Ceux qui connaissent l'enfant sont étonnés ; la fillette n'avait jamais fait cela auparavant.

À plusieurs reprises, des voisins s'inquiètent et contactent les services sociaux. Ils remarquent par exemple que Touko part travailler la nuit dans un bar karaoké et supposent que la petite fille est seule à la maison. Lorsque les travailleurs sociaux lui demandent des explications, le père trouve toujours un moyen de se justifier pour calmer les choses. Il répond par exemple que la fillette est chez ses grands-parents ou que Nadia s'occupe d'elle.

À cette époque, la mère biologique d'Eerika voit sa fille de temps en temps. Pas souvent toutefois car les dates de visite ne sont pas respectées, et même carrément ignorées. Il semble que Touko et Nadia font tout pour empêcher qu'Eerika et sa maman se rencontrent sans qu'il y ait quelqu'un pour les surveiller. À plusieurs reprises, la mère de la fillette se plaint de rendez-vous manqués auprès des services compétents. Elle n'y trouve pas toujours le soutien souhaité. En outre, la mère d'Eerika remarque que sa fille, qui était grassouillette, pleine de vie et de bonne humeur, est en train de changer. Au début, il s'agit d'une impression, mais elle s'intensifie au fil des rencontres. Jusqu'au jour où, lors d'une visite, elle fait une découverte qui l'inquiète au plus haut point. Comme à chaque rencontre avec sa petite Eerika, si elle n'est pas annulée sous des prétextes fallacieux, la maman est heureuse. Elle ouvre grand les bras pour serrer sa fille contre elle. Mais cette fois-là, lorsque l'enfant s'approche d'elle en souriant, elle est prise d'un fort pressentiment que quelque chose ne va pas. Son regard scrute fébrilement la fillette qui se blottit dans ses bras, comme en quête de protection. Elle caresse les cheveux blonds d'Eerika pour la rassurer, saisit délicatement une mèche et la fait glisser entre ses doigts. Effectivement, la petite fille a perdu des cheveux ! Avec amour, mais fermement, la mère éloigne sa fille d'une longueur de bras pour l'observer et elle s'aperçoit qu'à plusieurs endroits, le cuir chevelu est à nu. Comme si les cheveux de sa petite Eerika étaient tombés, ou avaient été arrachés par touffes. Que se passe-t-il ? Les doigts tremblants, la mère inquiète veut regarder le front d'Eerika. Alors qu'elle soulève doucement la frange blonde de l'enfant pour prendre une photo, la fillette se met à hurler, paniquée, et repousse sa mère. Elle semble hystérique et crie que c'est interdit ! Et lorsque sa mère insiste et lui demande pourquoi elle pleure, elle répond : « Je n'ai pas le droit de le dire ! »

La mère est choquée et complètement déstabilisée. Face à l'inquiétude de sa fille dont elle ne voit pas la raison, elle ne sait pas quoi faire et abandonne l'idée de prendre une photo. Mais sa méfiance est à nouveau éveillée un peu plus tard lorsqu'elle reçoit un appel téléphonique de Nadia qui lui interdit avec insistance de prendre des photos d'Eerika. Si elle le fait, il y aura des conséquences !

Immédiatement après l'interdiction de photographier la fillette, les voisins du quartier Puotila observent des scènes étranges : trois à cinq fois par jour, la petite fille sort de la maison et court en cercle devant l'immeuble, sans s'arrêter jusqu'à être complètement épuisée. Depuis l'appartement, Nadia surveille, crie, menace et ordonne à l'enfant de continuer à courir alors qu'elle pleure de souffrance et de désespoir. Ces scènes peuvent durer deux heures. Pendant tout ce temps, la petite doit courir comme s'il lui fallait sauver sa vie. Lorsque les voisins demandent, avec mille précautions, les raisons de ces marathons, on leur répond que l'enfant doit perdre du poids. Au début, les voisins pensent que cette décision vient du père, mais un habitant du quartier finit par s'apercevoir que Nadia est manifestement le metteur en scène impitoyable de ces pénibles moments.

Dans le secret de l'appartement, Eerika est nourrie de force avec des soupes ou des bouillies de flocons d'avoine et de fruits, jusqu'à ce qu'elle vomisse. Le supplice se reproduit plusieurs fois à la suite. Les pleurs et les refus de la fillette ne servent à rien, Nadia et Touko continuent de la gaver. On découvrira plus tard qu'ils ont enregistré ces scènes sur vidéo. Les images sont terriblement émouvantes, car on y voit la petite fille en pleurs alors que son visage est entièrement couvert d'une bouillie sombre. Le supplice dure jusqu'à ce qu'elle régurgite. Pour justifier leur geste, Tarkki et sa compagne diront qu'Eerika souffrait à l'époque d'un trouble alimentaire et qu'ils n'avaient pas d'autre solution. Ils seront évidemment incapables d'expliquer comment un tel gavage peut aller de pair avec les heures de sport devant l'immeuble. Les séances d'engraissement ont-elles pour but de dissimuler la perte de poids due à la course à pied ?

À la même époque, un voisin voit également Eerika se soulager à côté des poubelles au petit matin, lorsqu'elle sort les ordures. Nadia, de son côté, se plaint à plusieurs reprises, et à voix haute, qu'Eerika casse délibérément des objets ou découpe des vêtements. La fillette aurait également dérobé, ou caché, des clés. Nadia est sûre que ces « délits » sont commis par sa belle-fille et exige de Tarkki qu'il la punisse sévèrement assurant que jusqu'à présent, il a été trop négligent avec elle.

En 2011, les événements s'accélèrent. Eerika fait sa rentrée dans sa nouvelle école. Le comportement de la fillette, que l'on appelle maintenant Vilja, irrite aussi bien ses camarades de classe que les enseignants et le personnel de l'école. L'enfant qui était toute ronde et joyeuse et qui voulait tant être une princesse, apparaît complètement négligée. Elle n'a plus beaucoup de cheveux et elle est couverte de bleus. Comme elle est silencieuse et triste, les autres enfants l'évitent. Elle n'a qu'une seule amie, une fille un peu plus âgée.

En outre, la petite arrive souvent en retard en classe. Les enseignants finissent donc par contacter son père qui n'en montre aucune culpabilité. Il explique que lorsque sa fille n'est pas sage, elle parcourt à pied les quelque 3,3 km qui la séparent de l'école et qu'elle traîne sur le chemin. Selon lui, il s'agit d'une punition appropriée à sa désobéissance. À titre de comparaison, en Allemagne par exemple, la distance autorisée pour le trajet à pied d'un élève de CP est de 1,7 km. Et seulement s'il n'y a pas de route très fréquentée à traverser. Eerika vient aussi de plus en plus souvent à l'école avec des ecchymoses. Lorsque les enseignants lui demandent comment c'est arrivé, la fillette se contente de répondre qu'elle ne sait pas.

Fin 2011, la mère d'Eerika intervient enfin. Elle aussi a remarqué les changements de l'enfant lors des rares et brèves rencontres sous surveillance qui ont lieu avec sa fille. Elle écrit une plainte officielle aux responsables des services de la jeunesse. Elle y exprime son inquiétude quant à la possibilité que son ex-mari maltraite Eerika et demande qu'on lui confie à nouveau la garde de sa fille, car elle a repris sa vie en main et peut s'occuper correctement de son enfant. Cette demande est refusée, bien que la mère n'ait pas hésité à requérir l'aide de la justice. Tarkki veut conserver le droit de garde et il s'oppose définitivement aux rencontres entre la mère et l'enfant, qu'il a déjà essayé d'empêcher de son mieux jusque-là. Il prétend que ces rencontres sont extrêmement stressantes pour l'enfant et qu'il lui faut des jours pour se calmer et se réadapter à la vie de famille. Le tribunal renonce à donner la parole à Eerika et écoute la version du père. L'enfant continuera à vivre sous sa garde et les visites chez sa mère seront supprimées pour garantir son bien-être.

Peu de temps après, l'affaire connaît de nouveaux développements. En novembre, Tarkki affirme au service de protection de l'enfance qu'Eerika a développé de nombreux troubles du comportement. Il demande de l'aide et il l'obtient. Sa fille est placée temporairement dans un foyer pour enfants et presque immédiatement, un changement miraculeux se produit ! La fillette apparaît comme complètement différente. Elle est joyeuse, elle est dégourdie, elle rit. C'est une petite tornade et tous les éducateurs ainsi que les autres enfants l'adoptent immédiatement. Au cours de ces semaines passées au foyer, comme chacun le note, aucune nouvelle blessure n'apparaît et les anciennes guérissent et disparaissent. C'est un peu l'ancienne Eerika qui réapparaît.

Pendant ces quelques mois, la fillette ne voit son père et sa compagne que le week-end. Tout semble parfaitement en ordre et harmonieux. Mais lorsque le temps passé au foyer touche à sa fin et qu'Eerika doit revenir chez son père, la situation dégénère. L'enfant refuse d'y revenir. Non, elle ne veut pas y retourner ! Elle veut rester au foyer !

Pourtant, les responsables de l'établissement ne tiennent aucun compte de ce refus. La période qu'elle devait passer au foyer est terminée, les autorités ont pris des dispositions et Eerika doit retourner vivre chez son père à Puotila, dans son unique pièce, et cela malgré son refus catégorique. Tarkki n'a toujours pas tenu les promesses qu'il avait faites aux services sociaux de trouver un logement plus grand.

En très peu de temps, l'état de la petite fille se dégrade à nouveau. Les mystérieuses ecchymoses reviennent et elle apparaît à nouveau négligée et mal entretenue comme avant son séjour en foyer. À l'école aussi, ça va de plus en plus mal. Par trois fois, Eerika détruit ses cartables et finit par arriver en classe avec ses affaires dans un sac en plastique, car Touko et Nadia ne veulent plus lui en acheter un nouveau. À plusieurs reprises aussi, la fillette déchire ses livres ou les perd. Elle arrive régulièrement en retard ou se plaint d'être malade. Des blessures sont visibles sur son corps, mais lorsque les enseignants interrogent à nouveau Eerika à ce sujet, ils obtiennent toujours la même réponse évasive : « Je ne sais pas. »

Les murs du petit appartement de Puotila sont si minces que les voisins entendent plus qu'ils ne le voudraient ce qui se passe à l'intérieur. Ils entendent les cris et les pleurs de la fillette, les terribles insultes avec lesquelles Nadia ne cesse de la rabaisser. Elle traite l'enfant de vache, de pute, de gros cul, lui dit qu'elle est trop grosse pour avoir des amis. Et une fois, sans doute lors d'une des séances de gavage, Nadia Berough hurle : « Si tu ne manges pas, tu le regretteras ! »

Au printemps 2012, la violence contre Eerika monte encore de plusieurs crans. Entre-temps, les voisins se sont aperçus que le père, lui aussi, ne cessait de crier sur sa fille de huit ans. Mais les cris ne sont que la partie émergée de l'iceberg, car depuis la mi-avril, Nadia a imaginé une nouvelle punition. Désormais, comme elle s'agite le soir et la nuit, elle dort les mains liées et le corps enveloppé dans du film plastique. Ainsi, elle ne dérange plus Touko et Nadia lorsqu'ils se détendent.

Nadia rejette les doutes de Touko en assurant que cette pratique est courante dans les cliniques. En tant que médecin, elle en a été témoin à plusieurs reprises. Le père d'Eerika fait confiance à sa compagne, peut-être parce que c'est plus facile, peut-être parce qu'il en a peur. Plus tard, il témoignera qu'il a souvent eu peur de Nadia et qu'il l'a laissée faire.

Ainsi, la fillette a désormais les mains liées tous les soirs et elle est enveloppée dans du plastique comme un paquet immobile. Même les plus petits mouvements sont impossibles, sans parler de se lever pour aller aux toilettes. Qu'a-t-elle dû éprouver pendant toutes ces nuits dans cette promiscuité, et dans la chaleur de sa prison en plastique ?

Quatre semaines plus tard, le 12 mai 2012, les choses suivent leur terrible cours. Ce samedi-là, il est prévu qu'Eerika rende visite à ses grands-parents en compagnie de son père. Mais celui-ci vient seul. Peut-être ses parents s'en sont-ils étonnés, mais Touko a toujours des excuses toutes prêtes et tout à fait plausibles dans toutes les situations, aussi bien avec les travailleurs sociaux qu'avec ses parents.

Pendant ce temps, la fillette est seule à la maison avec Nadia. Il est impossible de savoir ce qui s'est passé cet après-midi-là. Ce qui est sûr, c'est que lorsque son père revient de sa visite, Eerika a déjà les mains et les pieds attachés avec du ruban adhésif, comme c'est régulièrement le cas pour la nuit. Mais cette immobilisation n'a probablement pas semblé suffisante à Nadia. Elle a placé des serre-câbles autour des poignets et des chevilles de l'enfant et les a fixés entre eux par deux autres serre-câbles. Il y en a huit en tout. La fillette a ensuite été enveloppée dans un drap puis dans une bâche en plastique. Elle est allongée sur le canapé, harnachée pour passer la nuit.

Ce soir-là, Nadia et Touko veulent regarder tranquillement un film à la télévision mais ils sont sans cesse dérangés par la fillette sur le canapé. Surtout lorsqu'Eerika cogne la tête contre le cadre. C'est là que la situation va devenir complètement incontrôlable. Pour que l'enfant se taise enfin, Nadia lui donne plusieurs coups de poing dans le ventre et lui frappe également la plante des pieds avec un câble en lui ordonnant de ne pas bouger. Comme elle fait encore du bruit, ils collent finalement du ruban adhésif sur sa bouche et son nez. En outre, le couple tire le drap et la bâche en plastique sur le visage de l'enfant, jusqu'à la racine des cheveux. Et pour bien se faire comprendre, la belle-mère enfonce une nouvelle fois son genou dans le ventre d'Eerika, tandis que le père s'assoit sur ses jambes.

Puis ils laissent la fillette et continuent de regarder la télévision avant d'aller se coucher. Et en effet, la nuit sera très calme.

Le lendemain, 13 mai, c'est la fête des Mères. Nadia se réveille vers quatre heures du matin pour aller aux toilettes. Lorsqu'elle revient, elle secoue Eerika. Mais la fillette ne bouge pas. Nadia retire alors la bâche et le drap et regarde le visage complètement bleu de l'enfant. La petite Eerika est morte. Asphyxiée. Après une longue agonie qui a duré entre quatre et six heures.

Lors de l'enquête, Nadia Berough et Touko Tarkki affirment aux policiers qu'ils ne voulaient pas tuer l'enfant. Ils assurent que sa mort était un terrible accident. Le père explique qu'il ignorait que la température dans la bâche monterait autant. Il en va de même pour Nadia, cette femme qui prétend être médecin, et qui déclare qu'elle croyait vraiment qu'Eerika recevrait suffisamment d'air par le cuir chevelu découvert. L'autopsie révèlera 89 signes de maltraitance sur le corps de la fillette de huit ans.

Lorsque l'affaire est rendue publique après l'arrestation des deux suspects, la Finlande est sous le choc. Tout de suite, des questions se posent : comment en est-on arrivé là ? Pourquoi les autorités n'ont-elles pas agi ? Il devient vite évident que de nombreuses informations sur les maltraitances subies par l'enfant ont été transmises aux services de protection de l'enfance qui n'ont rien fait. Outre la mère biologique d'Eerika, les voisins de Puotila ainsi que le directeur de l'école primaire ont contacté les services compétents à plusieurs reprises. Mais aucune enquête approfondie n'a été menée suite aux accusations et aux signes visibles de maltraitance. Il apparaît clairement que les différents services qui ont été informés et les autorités compétentes ne communiquaient pas et que des informations importantes n'ont pas été transmises. Lors d'une visite, la pédiatre qui s'occupait de l'enfant s'était certes étonnée d'une ecchymose sur le visage d'Eerika, mais comme elle ignorait la situation et les conditions de vie de la fillette, elle n'a malheureusement pas pris les mesures nécessaires. Aurait-on pu sauver la vie d'Eerika ? Sachant qu'en 2012, chaque travailleur social finlandais suivait environ 160 cas, on peut en douter. Une étude réalisée un an plus tard recommandait de ne pas dépasser 20 à 50 cas par personne.

L'inaction fatale des services sociaux dans le cas d'Eerika est le reflet d'une situation alarmante en Finlande, à l'époque. Entre 2003 et 2012, environ dix bébés et enfants sont morts chaque année des suites de violences domestiques. Environ

300 ont été gravement blessés durant cette période. Et il ne s'agit ici que des cas déclarés, il doit y en avoir beaucoup plus.

Le procès dans l'affaire Eerika Heleen Tarkki s'ouvre le 30 août 2012 à Helsinki. Nadia Berough et Touko Tarkki sont accusés de mauvais traitements, de privation de liberté et de meurtre. Nadia est en outre accusée d'avoir pris une fausse identité.

La prétendue médecin et neurochirurgienne est une femme trapue aux cheveux bruns courts et à l'expression grave. Au premier abord, elle donne l'impression d'être maternelle. C'est peut-être l'une des raisons pour lesquelles, au début des maltraitances subies par Eerika, sa mère biologique, les travailleurs sociaux et les enseignants ont supposé que les problèmes étaient liés à Touko Tarkki.

Les observateurs attentifs se sont toutefois rendu compte au fil du temps que Nadia jouait un rôle essentiel dans les événements. Un travailleur social qui s'est rendu à plusieurs reprises dans l'appartement a eu des doutes quant à la véritable identité de Nadia. Il en va de même pour ce qu'elle raconte sur sa vie. L'homme a même demandé à plusieurs reprises à Touko de lui fournir des informations sur les quatre prétendues grossesses de Nadia comme des documents médicaux, des actes de naissance ou des certificats d'enregistrement des enfants, des bulletins scolaires ou tout autre document de ce genre. Touko a promis de fournir des documents, mais le travailleur social n'a rien reçu et n'a aucune preuve de l'identité de Nadia. Pour cette raison, il a fini par écrire qu'à son avis,

Nadia n'est pas apte à s'occuper d'Eerika et que la prétendue médecin d'origine franco-marocaine est tout bonnement une menteuse. Mais il ne pensait pas toutefois qu'elle représentait un danger concret pour Eerika.

La famille de Touko, en revanche, s'intéresse de près à l'identité de Nadia. Une belle-sœur qui travaille dans le système de santé s'est renseignée sur elle dans les établissements de santé d'Helsinki. Les réponses sont surprenantes pour les personnes concernées : la femme qui prétend être une médecin d'origine étrangère est en réalité Finlandaise. Elle a travaillé auparavant dans une maison de soins d'Helsinki et a été licenciée pour vol. Son vrai nom est Sirpa Laamanen.

Au fur et à mesure de la procédure, il apparaît de plus en plus clairement que la personnalité de Sirpa Laamanen est problématique. Elle a quitté sa famille parce qu'elle souffrait de graves problèmes psychiatriques. Elle ne prenait plus les médicaments qui lui étaient prescrits depuis 2007 déjà. Touko Tarkki affirme qu'il ne connaît pas le vrai nom de Nadia. Sa compagne lui a menti sur son identité. Le père d'Eerika explique en outre qu'il avait peur de Nadia (ou de Sirpa), et que les mauvais traitements infligés à Eerika venaient d'elle.

Les deux accusés reconnaissent être responsables de la mort de la fillette de huit ans, mais ils plaident non coupables de meurtre.

En raison de la gravité des faits, le tribunal ordonne un examen psychiatrique des deux accusés afin de déterminer leur culpabilité. Le résultat est sans appel : ils sont pleinement responsables de leurs actes. Les experts psychiatriques sont catégoriques : tous deux sont tout à fait capables de se contrôler, dc savoir ce qu'ils font et d'évaluer les conséquences de leurs actes.

Les preuves disponibles et les témoignages qui retracent la courte vie de la petite fille font monter les larmes aux yeux des juges et des personnes présentes. Ils révèlent un kaléidoscope d'atrocités qui ont été signalées à maintes reprises par les personnes les plus diverses. Sans que les services sociaux interviennent. Les vidéos montrant les séances de gavage de la fillette sont enregistrées comme preuves. Pour certaines personnes présentes dans la salle, ces images dépassent les limites du supportable.

Lors du procès, les voisins du quartier de Puotila confirment que les agressions verbales et les insultes qu'ils ont entendues à l'égard d'Eerika étaient à 90 % le fait de Sirpa, mais que le père aussi était impliqué. Le procureur prévient Tarkki qu'il ne peut plus se cacher derrière sa compagne.

Un autre moment difficile du procès est la déclaration faite par Sirpa. Bien qu'elle entende répéter une fois de plus toutes les horreurs commises, elle ne montre aucun remords. On chercherait vainement en elle une quelconque compassion. Au contraire, elle dit au tribunal qu'elle n'a rien fait de mal et que tout ce qui s'est passé a eu lieu avec l'accord du père d'Eerika. Elle assure qu'elle n'avait rien contre l'enfant qui devait simplement apprendre les règles que sa mère biologique ne lui avait pas enseignées.

Le jugement dans l'affaire Eerika Heleen Tarkki est rendu le 19 mars 2013. Son père, Touko Tarkki, et Sirpa Laamanen sont tous deux condamnés à la prison à vie.

Les avocats de la défense font immédiatement appel du jugement, mais la Cour d'appel compétente maintient la décision de première instance. Dans l'exposé des motifs, elle indique, en ce qui concerne le rôle joué par le père dans le cadre des mauvais traitements et de l'homicide, que celui-ci était manifestement indifférent au traitement cruel infligé à sa fille. La longue période sur laquelle se sont étendus les faits en est la preuve.

Le recours déposé par le couple contre la décision de la Cour d'appel devant la Cour suprême de Finlande est directement rejeté sans audience.

Suite à cette affaire, un débat public a eu lieu en Finlande sur la manière d'améliorer la protection des enfants. Des enquêtes ont été menées, des études ont été réalisées et des groupes de travail ont été créés, notamment au sein du ministère de la Santé et des Affaires sociales qui a proposé d'investir davantage de ressources financières dans la protection de l'enfance. La question de la transmission des données pertinentes a aussi été abordée. Jusqu'à présent, le succès de ces mesures paraît limité. Selon les statistiques de la police, cinq à six enfants sont encore tués chaque année en Finlande.

Lorsqu'ils ont vidé l'appartement de Puotila, les proches de Touko Tarkki ont fait une découverte surprenante qui jette une lumière supplémentaire et significative sur la personnalité de la prétendue Nadia. En débarrassant l'appartement, ils ont découvert en haut d'une étagère et dans des placards, des clés et divers objets qu'Eerika était accusée d'avoir volés, cachés ou perdus. C'est en évoquant ces « disparitions » que Sirpa Laamanen avait justifié les punitions cruelles infligées à la fillette. Mais les objets se trouvaient tellement en hauteur, tellement hors de portée d'une enfant de huit ans, qu'une seule conclusion est possible : Sirpa les avait elle-même cachés.

Les découvertes, les discours et les regrets ne feront pas revenir la petite fille qui est enterrée à Vantaa, au nord d'Helsinki. Sa tombe porte le numéro 10-3-50. Devant la lumière éternelle posée sur la pierre tombale, quelqu'un a placé un diadème de princesse avec beaucoup de pierres brillantes et de petites plumes, comme aimait Eerika.

Dans son réquisitoire, le procureur a souligné un détail concernant les dernières heures de la vie de la petite fille. Lorsqu'Eerika a été retrouvée, elle avait encore sur la tête le petit diadème de princesse que sa mère lui avait offert lors de son dernier anniversaire, un mois auparavant. En lui enveloppant la tête avec le drap et la bâche, les dents du serre-tête s'étaient profondément enfoncées dans la peau du front. Quatre des petites pierres brillantes sont tombées. Elles ont disparu à jamais, comme Eerika.

Le procureur assure qu'Eerika a pu survivre à l'horreur des nuits où elle était attachée et enveloppée parce qu'elle envoyait ses pensées dans le monde des rêves. Là où elle était une princesse. Là où les espoirs d'une petite fille pouvaient encore se réaliser.

CHAPITRE 11

Tu ne tueras point

Si le cerveau de Simon a besoin de quelques secondes pour comprendre ce qui se passe, son corps lui, réagit immédiatement. Ses pupilles se rétrécissent, ses yeux se remplissent de larmes, son ventre se contracte douloureusement et son cœur bat si fort qu'il menace de faire éclater sa petite poitrine. Il ne s'est pas encore endormi car il pense à demain et au devoir de mathématiques qu'il redoute tant. Mais soudain, ce n'est plus la crainte du devoir à venir qui le tient éveillé, ce sont des cris, des gémissements, des sanglots, des paroles de désespoir. « Arrête ! » et « S'il te plaît ! » sont les seuls mots qui viennent du salon. Curieux, l'enfant passe la tête par l'encadrement de la porte. Une scène terrible se déroule devant ses yeux. Sa maman est couchée sur le sol. Elle saigne, elle pleure. Elle met ses bras devant son visage pour se protéger. Puis arrive un coup de pied qui pulvérise le fragile bouclier de ses bras. Son visage est à découvert. Simon regarde l'agresseur. C'est papa. Il donne sans relâche des coups de poing sur le visage de maman. Ce visage d'habitude souriant qui le regarde, lui Simon, avec tant d'amour. Lorsqu'il entend un craquement, comme si quelque chose se brisait, le garçon se précipite vers son père. Il pleure et le supplie d'arrêter. Mais celui-ci continue de frapper et lui ordonne de retourner dans son lit et de fermer la porte. Instinctivement, Simon sent qu'il ne doit pas contredire papa.

Marko Tuominen est assis à son bureau. Il regarde sa montre et s'aperçoit qu'il est plus de minuit. Malgré l'heure tardive, il y a encore des gens qui travaillent dans le commissariat d'Helsinki. Il n'est pas le seul enquêteur à qui ses affaires ne laissent pas le temps de se reposer. La nuit, c'est plus facile de se concentrer sur son travail, personne ne passe pour discuter, aucun appel téléphonique ne vient l'interrompre. Un classeur est posé devant lui. On n'entend que le bruissement familier des pages que l'on tourne et le crissement du stylo qui annote des dossiers. Mais la fatigue finit par prendre le dessus. Tuominen passe la main dans ses cheveux clairs et regarde par la fenêtre à côté de son bureau. Dans l'obscurité, son visage se reflète mal sur la vitre mais suffisamment pour qu'il voie les cernes profonds et sombres sous ses yeux. Marko détourne le regard et rassemble quelques papiers. Alors qu'il boit une dernière gorgée de café dans sa tasse, il manque de s'étouffer lorsque le téléphone sonne rompant le silence de la nuit. Il décroche et une aimable collègue du standard lui transmet un appel. Celui d'un jeune homme qui veut signaler un meurtre. Rien d'inhabituel dans une grande ville animée comme Helsinki. Lorsque Marko raccroche, il comprend qu'il ne rentrera pas chez lui ce soir.

L'homme auquel le policier vient de parler se nomme Simon Junni. Il a 20 ans. Il y a dix ans, son père a tué sa mère dans leur appartement et il a assisté à la scène. Il se souvient encore très bien de cette nuit tiède d'août 1980. Il avait juste dix ans, un devoir de maths le lendemain à l'école et il était resté éveillé dans son lit quand il a entendu des cris. La voix encore étranglée par les larmes, il raconte les détails de la soirée. Le lendemain matin, quand il est allé se brosser les dents, Simon a vu sa mère allongée sur le sol de la salle de bain. Quand il est rentré de l'école, le corps avait disparu. Son père lui a dit que sa mère était morte.

En consultant les dossiers de l'époque, Marko voit qu'un cas comme celui qu'on vient de lui raconter s'est effectivement produit en août 1980. La police avait été appelée dans un immeuble à Kontula, à l'est d'Helsinki. Ismo Junni, alors âgé de 37 ans, avait accueilli les policiers dans son appartement où se trouvait le corps nu de sa femme de 36 ans, enroulé dans un tapis. Ismo avait raconté que sa femme avait beaucoup bu la veille au soir, puis qu'elle avait pris un bain. En sortant de la baignoire, elle était tombée et s'était cogné la tête contre le rebord de la baignoire, en perdant l'une de ses incisives. Elle était morte sur le coup. Lors de l'autopsie, le médecin légiste avait confirmé la version du veuf. Les blessures à la tête pouvaient être dues à la chute et la femme avait effectivement une certaine quantité d'alcool dans le sang au moment de sa mort. Comme la police n'avait pas relevé de signes d'une altercation violente dans l'appartement, le cas avait été classé comme un accident et archivé.

Des heures se sont écoulées depuis l'appel du jeune homme. Marko réfléchit et épluche les dossiers de l'époque. Il essaie de faire attention à chaque détail. En fait, l'affaire Ismo Junni est close et la thèse de l'accident ne laisse aucun doute. Pourtant, Simon Junni au téléphone a donné sa version de l'histoire avec une telle insistance que Marko s'interroge. Le jeune homme auquel il a parlé connaît trop de détails pour que ce soit un canular téléphonique destiné à se moquer de la police. En outre, son identité est facilement vérifiable. S'il ne se manifeste que maintenant, dix ans plus tard, c'est parce qu'il a peur de son père, ce qui est également compréhensible. Voir sa mère mourir a dû être un traumatisme indescriptible pour le garçon, d'autant plus que pendant les dix années suivantes il dépendait de son meurtrier. Marko prend une décision : il va reprendre l'enquête sur l'affaire Junni.

Le lendemain, après quelques heures de sommeil, l'enquêteur réunit ses collègues et leur présente l'affaire. Une fois tout le monde mis au courant, la première chose à faire est de vérifier l'identité de Simon Junni. Et en effet, il est bien le fils d'Ismo Junni. Lorsque Marko plonge son regard bleu glacé dans celui du jeune homme, il est certain qu'il dit la vérité.

L'enquête menée auprès des proches et des voisins révèle qu'après la mort de sa femme, Ismo s'est rendu tous les jours sur sa tombe. Personne ne doute du fait que le veuf porte le deuil de sa défunte épouse. Il n'a pas non plus rencontré de nouvelle compagne depuis. Toutefois par la suite une voisine a remarqué un changement dans le comportement d'Ismo. Il parle sans cesse de la mort et des morts. Il semble fasciné par ce sujet. Selon la voisine, il aurait même essayé, sans succès, de se faire embaucher dans une morgue car il voulait voler les dents en or des cadavres. Cette déclaration laisse Marko songeur. En effet, selon le rapport de la médecine légale, il manquait une dent au corps de son épouse lorsqu'il a été amené à la morgue. C'est une coïncidence étrange et Marko ne croit pas vraiment aux coïncidences.

Lorsque Ismo s'assoit en face de lui dans la salle d'interrogatoire, Marko ne remarque rien de particulier. C'est un homme moyen : il est de taille moyenne, de corpulence moyenne, ses cheveux moyennement épais hésitent entre le blond et le châtain. Marko lui expose les soupçons qui pèsent sur lui. Ismo le laisse s'exprimer et ne l'interrompt pas une seule fois. Puis, à la grande surprise du policier, il avoue le meurtre de sa femme dix ans plus tôt. Il raconte qu'ils se sont disputés et c'est à ce moment-là que c'est arrivé. Il lui a arraché l'incisive avec une pince pour voir si elle était encore en vie. Comme elle n'a pas réagi, il en a conclu qu'elle était morte. Quand l'enquêteur lui demande ce qu'il a fait de la dent, il plonge la main dans la poche de son pantalon, en sort un portefeuille et ouvre une minuscule fermeture éclair. Marko a la nausée lorsque Ismo sort une incisive jaunie d'une petite poche et la dépose sur la table entre eux.

Pendant qu'Ismo est en détention provisoire, Marko passe en revue tous les documents contenus dans le dossier qui date de 1980. La rapidité du passage aux aveux lui laisse un doute. D'habitude, les meurtriers nient immédiatement leurs actes. Il n'a pas beaucoup d'indices sur lesquels s'appuyer mais les photos en noir et blanc de l'époque étayent l'histoire d'Ismo. La dent qu'il garde depuis dix ans dans son porte-monnaie est également un indice fort de sa culpabilité.

Les médias locaux ne manquent pas de faire leurs gros titres sur les nouveaux rebondissements de l'affaire. Ismo est appelé le « tueur aux dents ». Ce surnom n'a aucun intérêt pour l'enquêteur mais la population saute sur l'occasion pour se rappeler quelques faits. La voisine qui avait parlé du souhait d'Ismo de travailler dans une morgue contacte une nouvelle fois le commissaire. Son mari, Matti, est mort il y a quatre ans. C'était un ami proche d'Ismo. Il a trouvé la mort avec le chien de la famille dans un incendie causé par le poêle dans leur confortable cabane forestière de Herttoniemi dans la banlieue d'Helsinki. Les secours n'ont rien pu faire. L'affaire a été classée comme accident. En relisant le dossier de 1986, Marko sursaute. Il manquait deux incisives à Matti quand son corps a été retrouvé.

Ismo est à nouveau assis calmement en face de lui, le commissaire lui expose à nouveau ses soupçons. Et à nouveau, Ismo avoue immédiatement qu'il a tué son ami Matti, quatre ans plus tôt dans sa cabane en forêt. Ils avaient bu et Ismo ne supportait plus d'entendre Matti s'extasier sur sa magnifique épouse et sur son mariage réussi, alors qu'il savait que la femme d'Ismo était morte quelques années auparavant. Dévoré par la jalousie, Ismo a frappé Matti à la tête avec un vase en verre posé sur le rebord de la fenêtre. Lorsque ce dernier est tombé, assommé, il lui a arraché les deux incisives avec une pince. Depuis, il les a également gardées dans son portefeuille. Il a ensuite mis le feu à l'intérieur et à l'extérieur de la cabane avec de l'huile de lampe et a regardé l'incendie à distance.

Lorsque Marko revient à son bureau, il est tard. Il se souvient très bien de l'incendie de la cabane de Matti en 1986 car c'est à cette époque qu'il a obtenu sa promotion. Au cours des années 1980, il y a eu beaucoup d'incendies mortels à Herttoniemi. L'enquêteur sait désormais ce qu'il doit faire. Au cours de la nuit suivante, il épluche tous les dossiers sur les incendies de l'époque. Lorsque la lumière du matin passe à travers sa fenêtre et que les premiers collègues arrivent, il a fait une découverte intéressante. Dans deux autres cas, il manquait également des incisives aux corps qui ont été retrouvés.

Deux mois avant le meurtre de Matti, Ismo a rencontré Seppo et Juha sur la plage de Herttoniemi. Les deux hommes ont à peu près son âge, ils sont assis sur le sable et boivent de la bière en rigolant. Ismo engage la conversation. Ils parlent des femmes, du sport et des incendies en se disant qu'il y a comme une malédiction du feu. À la tombée de la nuit, Seppo et Juha invitent Ismo à venir dans leur cabane en forêt. Quelques bouteilles de bière y sont conservées au frais et en cherchant bien, ils trouveront certainement une ou deux bouteilles de vodka dans un placard. Une fois dans la cabane, les trois hommes s'assoient sur des bancs en bois autour d'une table. À l'intérieur de lui, Ismo ressasse de la colère. Ces deux-là sont de vrais amis. Ils font sans cesse des petites blagues qu'ils sont seuls à comprendre. Une phrase sur deux commence par «Tu te souviens quand on...». Ismo, lui, n'a personne avec qui boire une bière sur la plage. Personne avec qui échanger des souvenirs communs et des blagues privées. En un rien de temps, il perd toute envie de boire. Au bout d'une heure, Seppo et Juha se sont endormis sur le banc, complètement ivres. Ismo saisit alors l'une des bougies qui les éclairent puisqu'il n'y a pas d'électricité dans la cabane et la jette sur le sol entre les deux hommes endormis. Puis il prend un torchon et le pose sur le poêle chaud. Lorsque le tissu s'enflamme, il sort de la cabane et attise le feu avec de l'essence. Quand l'incendie fait rage, il part en abandonnant le bidon sur le sol.

À l'époque, des restes de torchon brûlé avaient été retrouvés sur le four et personne n'avait remarqué la présence du bidon d'essence. L'incendie avait été déclaré accidentel. Une fois de plus, Ismo a avoué immédiatement. Chacun des détails qu'il donne correspond aux photos et aux descriptions du dossier. Sur l'une des photos, on voit même le bidon exactement à l'endroit où il dit l'avoir jeté.

Mais Ismo n'en a pas encore fini avec ses aveux. Deux ans après ces incendies, en 1988, Ismo rencontre Pauli dans le petit magasin d'alcool de Herttoniemi. C'est un homme âgé qui vit en ermite dans une cabane en bordure de forêt. Ismo lui marche malencontreusement sur le pied dans l'allée étroite du magasin et s'excuse. Pauli lui répond gentiment et les deux hommes entament une conversation. Le vieil homme invite finalement Ismo à venir boire un verre de vin dans sa cabane. Ils y passent quelques heures ensemble et discutent avec animation. Alors qu'Ismo gesticule en racontant une histoire, il heurte d'une main une figurine en porcelaine qui tombe et se brise. Pauli ne possède pas grand-chose mais le peu qu'il possède a une signification et une valeur particulières pour lui. C'est le cas de cette figurine dont il a hérité. Pauli se met en colère et demande à Ismo de partir. Celui-ci quitte la cabane, fait une partie du chemin pour rentrer chez lui, puis fait demi-tour. Personne n'a le droit de lui parler de cette manière. Il attend devant la maison, il veut se venger. Lorsqu'il voit à travers la fenêtre que Pauli s'est endormi, il met d'abord le feu à l'extérieur de la cabane avec de l'huile de lampe, puis à la balançoire qui se trouve un peu plus loin sur le terrain.

Une photo du dossier d'enquête et la note qui l'accompagne précisent que l'herbe entre la cabane et la balançoire n'est pas brûlée, ce qui indique que le coupable a mis le feu à la cabane et à la balançoire l'une après l'autre. Là encore, Ismo dit la vérité.

Le procès d'Ismo a lieu à Helsinki en 1992. À la surprise de tous, il revient sur ses aveux dès le début de l'audience. Il affirme qu'au moment des incendies, il était en traitement médical dans un établissement fermé. Pour les enquêteurs, cette déclaration ne change rien à leur conviction d'autant que l'on découvre rapidement que Ismo était effectivement en traitement dans un établissement médical à l'époque, mais que celui-ci n'était pas fermé. Entre la fin de la soirée et le début de la matinée, il a très bien pu sortir sans se faire remarquer. L'accusé finit par craquer et reconnaît que c'est exactement ce qu'il a fait.

L'expertise psychologique d'Ismo dépeint un homme bavard, ouvert, qui engage facilement la conversation avec les personnes qu'il ne connaît pas. Il est quelqu'un de « bonne compagnie » quand on veut passer une soirée entre amis autour de quelques bouteilles de bière. C'est pourtant à ce moment-là que le côté sombre d'Ismo apparaît. Lorsqu'il boit, il devient rapidement agressif. Il ne supporte pas les plaisanteries à ses dépens et encore moins les insultes et les disputes. Ces situations réveillent un besoin de vengeance exacerbé, qui le conduit à commettre des actions totalement disproportionnées. Toutes ses victimes ont été tuées pour des motifs futiles. Ismo a tué par pure jalousie ou parce qu'il s'est senti attaqué ou provoqué. Au moment des faits, il était tout à fait lucide et avait conscience de ses actes et de leurs conséquences fatales.

Ismo a été condamné à neuf ans de prison pour le meurtre de sa femme et à six ans pour coups et blessures ayant entraîné la mort. Pour les incendies criminels et les quatre meurtres de Matti, Seppo, Juha et Pauli, il est condamné à la prison à vie.

Ismo a purgé près de quatre ans de sa peine avant d'être hospitalisé à Helsinki en 1995. À ce moment-là, il a 51 ans, un cœur malade et seul un pontage peut lui sauver la vie. Les chirurgiens ont fait tout leur possible mais il y a eu des complications pendant l'intervention et Ismo Junni ne s'est pas réveillé de l'anesthésie générale.

Le prénom de Simon a été inventé. On ignore le véritable prénom du fils d'Ismo, où il vit et quelle a été sa relation avec son père avant son décès.

CHAPITRE 12

Dieu

Comme un ruisseau qui grossit par temps d'orage, son sang rouge foncé jaillit des blessures que Jarno vient de lui infliger avec des ciseaux. Par trois fois, il a enfoncé les lames tranchantes dans son flanc gauche. Le chien est grand et ses dents sont puissantes ; pour sa propre sécurité, il l'a attaché au radiateur avec du ruban adhésif. Même s'il n'a jamais eu à en faire usage au cours de leurs années de vie commune, Jarno sait que l'instinct de survie est plus fort que tout. L'animal hurle et gémit d'une façon insupportable, des sons que Jarno n'a jamais entendus auparavant. Le chien essaie de respirer et il ne sort qu'un râle. Dans ses grands yeux marron foncé, Jarno lit la peur de la mort mais aussi l'étonnement. L'attaque a pris le chien par surprise. En souriant, Jarno saisit la barre métallique qui se trouve à côté de lui sur le sol. Sans hésiter, il frappe l'animal à trois reprises sur la tête. Les gémissements s'arrêtent brusquement. Un lourd silence s'installe. Jarno laisse tomber la barre et observe l'animal, dont la tête n'est plus qu'une masse grisâtre maculée de sang rouge. Le rire guttural de Jarno rompt le silence. Il a pris sa décision. Il est son propre dieu.

Tarje expire lourdement. Quand il lève les yeux, il croise les visages tendus de ses trois amis et collègues. Les quatre jeunes hommes sont en mission pour aider les jeunes alcooliques à trouver le bon chemin. Pour eux, le bon chemin est celui qui conduit à Dieu. Ils sont bénévoles à l'église pentecôtiste de Järvenpää qui ouvre régulièrement ses portes à ces jeunes dont les destins touchent Tarje profondément.

La région de Järvenpää est au nord d'Helsinki. Il s'en dégage une impression d'harmonie. De vastes paysages, des champs verdoyants en été et enneigés en hiver, tout cela reflète une certaine magie et explique en partie pourquoi les Scandinaves sont plus satisfaits que d'autres peuples de vivre dans leur pays. Mais cette apparence idyllique est trompeuse et il y a des zones d'ombres dans le tableau. Depuis qu'il est bénévole, Tarje a fait connaissance avec ces brebis égarées qui ternissent les statistiques. Les abus sexuels, la violence et les humiliations trouvent leur chemin à travers tout paysage, aussi radieux soit-il, à travers toute couche de neige, aussi épaisse soit-elle. Ces drames ne frappent pas en douceur, ils fracassent les portes et parfois même des murs entiers. Parmi les personnes concernées, nombreuses sont celles qui trouvent dans l'alcool une solution rapide et facile. Quelques gorgées qui les réchauffent de l'intérieur et les isolent de la réalité qu'ils ne peuvent plus supporter.

Dans leur travail missionnaire, Tarje et ses collègues abordent les âmes perdues avec confiance et empathie. Quelques jeunes alcooliques réussissent à changer de chemin à temps et rejoignent l'église pentecôtiste. Mais les rencontres ne se déroulent pas toujours bien. La plupart du temps, après le premier échange, les missionnaires n'entendent plus parler d'eux. Pourtant jamais une rencontre comme celle de ce samedi soir ne s'est produite.

C'est une soirée typique de novembre en Finlande. Le ciel est couvert de nuages et cela fait des jours qu'il pleut et qu'il vente en ce 21 novembre 1998. À cette période de l'année, la durée du jour est très courte. En fait, il fait presque toujours nuit. Tarje et ses collègues n'ont pas vu les heures passer. Ils sont assis dans le salon de thé de l'église pentecôtiste et font le bilan de la journée. L'horloge accrochée au mur au-dessus de la bouilloire indique 22 heures. Il est temps de ranger et de rentrer à la maison. Alors que Tarje met sa tasse de thé dans le lave-vaisselle, il entend des voix. Plusieurs voix fortes qui se rapprochent. Il regarde ses collègues d'un air interrogateur, mais ces derniers haussent les épaules. Ils ne savent pas non plus. Tarje prend son courage à deux mains et ouvre la porte. « Eh oh, crie-t-il, on peut vous aider ? » Quelques instants plus tard, les voix prennent des visages. Elles appartiennent à quatre jeunes hommes et une femme. Tous ont des cheveux longs, noirs qui retombent en mèches sur des visages pâles.

Les yeux de la femme sont d'un bleu glacé et cernés d'un épais trait d'eye-liner noir. Ses lèvres sont également peintes en noir de jais. Les seules taches de couleur sont des logos de groupes de rock imprimés sur leurs t-shirts sombres. Tarje n'en connaît aucun, mais d'après les images très caractéristiques, il doit s'agir de groupes de black metal. L'un des hommes est un peu plus grand et plus costaud que les autres. Il a une longue barbe. C'est lui qui s'adresse à Tarje : « Nous venons parler de votre foi ». Tarje hésite. Manifestement, ils sont ivres. De plus, ils représentent de façon évidente ce qui répand actuellement la peur dans tout le pays. La « Satanic Panic » ainsi nommée, fait référence à « l'anxiété morale » véhiculée dans la société par certains groupes perçus par l'opinion publique comme dangereux pour l'ordre et la morale en raison de leur comportement. Le regard de Tarje se pose sur les t-shirts des visiteurs. Il sait que de nombreux groupes de black metal diffusent des contenus satanistes dans leurs chansons. Un de ses collègues se racle la gorge. Tarje se dit que son ami a peur. L'ambiance est tendue. Lui non plus ne se sent pas à l'aise et il aimerait bien rentrer chez lui et se glisser dans son lit chaud. Mais il rejette cette idée car instantanément il se souvient de sa foi et de sa mission. Ce sont précisément ces personnes qui ont le plus besoin de son aide.

« Asseyez-vous », dit-il, s'attirant des regards méfiants de ses collègues. L'homme à la longue barbe s'avance et s'assoit sur l'une des chaises en bois. Les bras croisés, il entame la conversation : « Le christianisme est une perte de temps ». Tarje déglutit difficilement mais le laisse néanmoins s'exprimer, même lorsque l'homme dit : « Satan représente la fierté, la liberté et l'individualisme. Ce sont des qualités qui sont souvent considérées comme mauvaises par ceux qui adorent d'autres divinités. Nous, les satanistes, sommes nos propres dieux. Nous sommes des dieux charitables qui donnent de l'amour à ceux qui le méritent. Et nous faisons sentir notre colère à ceux qui nous y poussent. »

Pour les missionnaires chrétiens, ce n'est pas facile à entendre. Ils comprennent vite que leur argumentation habituelle ne les mènera nulle part. Mais à leur bonne surprise, la conversation se déroule sans violence. Les quatre autres personnes du groupe restent assises en silence pendant que parle celui qui paraît être le chef. Au bout d'une heure environ, celui-ci semble se rendre compte que cette conversation ne mène à rien. Le groupe quitte l'église pentecôtiste. Quelques minutes plus tard, Tarje et ses collègues rentrent chez eux, soulagés.

« J'emmerde les chrétiens, j'emmerde Dieu, je suis mon propre Dieu ! », crie Jarno Elg après avoir quitté l'église pentecôtiste. Il aurait dû savoir avant qu'il ne pourrait pas faire changer d'avis des missionnaires ordinaires qui, selon lui, sont trop aveuglés par la Bible et l'Église. Qui sait ce que le pasteur leur raconte le dimanche pendant le culte. Mais l'alcool a au moins l'avantage de l'avoir rendu loquace, et ces types savent maintenant qu'il y a des personnes qui ne se laissent pas impressionner. « Exactement ! approuve son amie Terhi. Ils sont sous influence. C'est pas une vie ».

Jarno passe son bras autour de ses épaules. Il n'aurait jamais cru qu'il trouverait son âme sœur alors qu'il a déjà 23 ans. Mais Terhi, 17 ans, c'est exactement ça, c'est son âme sœur. Il n'y a que quelques semaines qu'elle est sortie d'un traitement psychiatrique et il est heureux qu'elle soit revenue. Terhi est alcoolique depuis qu'elle a neuf ans et elle est instable psychologiquement. C'est en Jarno qu'elle trouve désormais un soutien. Avec ses trois amis Mika, Lars et Till, ils titubent jusqu'à la gare de Järvenpää.

Mais le mot « amis » est-il vraiment approprié ? Jarno a fait la connaissance de Mika, 20 ans, lors d'un de ses séjours en hôpital psychiatrique. Depuis, les deux hommes sont inséparables. Dès que les séances de thérapie de groupe ont commencé, Jarno a remarqué que Mika avait lui aussi une envie absolue de décider de sa vie, une vie qui ne tiendrait pas compte des lois et de l'ordre social. La plupart des gens ne font qu'exister. On ne peut pas appeler « vie » cette course quotidienne qui ressemble à celle du hamster tournant sans fin sur sa roue. Après quelques discussions avec Mika, Jarno a réussi à le convaincre des avantages du satanisme. Pour lui, c'est le seul véritable sens de la vie. Till, 23 ans, et Lars, 16 ans, ne font partie du groupe que depuis peu de temps, mais ils partagent sa foi. Jarno sait que Till n'a pas de travail et qu'il est alcoolique lui aussi. Parfois, ils prennent de la drogue. Till n'a plus de contact avec sa famille et n'a pas d'amis. C'est le type même du marginal et il a trouvé sa place dans le groupe sataniste. Quant à Lars, Jarno sait seulement qu'il a abandonné l'école et qu'il n'a pas de domicile fixe. Le garçon n'a jamais dit si ses parents étaient morts ou s'ils l'avaient simplement abandonné. Et d'ailleurs, Jarno s'en fiche. De toute façon, chacun ne doit compter que sur lui-même.

Peu après minuit, Jarno, Terhi, Mika, Till et Lars arrivent à l'appartement de Jarno à Hyvinkää. Le jeune homme a soif. C'est une soif qui dure depuis des années et que rien n'apaise. Il se précipite sur la bouteille ouverte posée sur la table basse. Terhi s'approche, elle aussi veut boire. Jarno lui tend la bouteille et son amie prend une grande gorgée de « kilju », un vin sucré finlandais. Mika, Till et Lars boivent de la bière. Mika ne cesse de regarder intensément Jarno. Il se souvient de leur rencontre. Ils étaient tous deux en traitement psychiatrique au même moment en raison de leur alcoolisme. Si, une fois de plus, la thérapie n'a pas aidé Mika, elle a en revanche réussi à Jarno, de trois ans son aîné. Pour Mika, Jarno est un leader né et une source d'inspiration qui vit en dehors de toute convention avec le satanisme comme seul fil conducteur. Cela lui permet d'être son propre dieu, c'est ce que Jarno répète tout le temps et encore ce soir. En début de soirée, il leur a promis qu'il leur ferait écouter le nouvel album du groupe de black metal norvégien « Ancient ». Selon Jarno, « The Canian Chronicle » (La chronique de Caïn) est un chef-d'œuvre. Les premières notes retentissent, des basses inquiétantes, des guitares distordues, une voix rauque. Les cinq amis écoutent.

Entre-temps, Jarno a expliqué que les paroles font référence à l'histoire biblique de Caïn et Abel où Caïn tue son frère par jalousie. Selon lui, le groupe norvégien établit un lien avec le satanisme à travers ses textes. Tous écoutent avec fascination le discours enflammé et gesticulant de Jarno. Mika remarque à ce moment-là la bague en forme de tête de mort sur l'un des doigts de sa main.

Au bout d'une heure, l'ambiance joyeuse bascule. Till, tantôt crie, tantôt balbutie qu'il n'aime pas la musique. Terhi, Mika et Lars le regardent avec effroi. Le regard de Jarno s'assombrit. Till est en train d'enfreindre deux règles importantes des « Onze principes satanistes », en l'occurrence les principes un et trois :

Principe un :

N'exprime ton opinion ou tes conseils que si on te le demande.

Principe trois :

Si tu es dans la tanière d'un autre, montre-lui du respect ou n'y va pas.

Ce qui pour Jarno conduit immédiatement au principe quatre :

Principe quatre :

Si un hôte se comporte de manière inappropriée dans ta tanière, traite-le durement et sans pitié.

En tant que son propre Dieu, Jarno prend une décision.

Noël n'est que dans quatre semaines pense Malte lorsqu'il se rend à la décharge de Hyvinkää le 24 novembre 1998. Sa femme lui a demandé d'y apporter du vieux matériel électrique. Chaque année, elle commence tôt ses préparatifs de fête et nettoie soigneusement la maison avant d'installer les décorations de Noël. Chaque année, elle se débarrasse de certains objets et chaque année, c'est Malte qui va les jeter à la décharge. Mais cette année, Malte ne fait pas comme d'habitude. Il ne balance pas rapidement le sac poubelle dans le conteneur avant de rentrer chez lui. Non, cette année, il s'arrête car quelque chose l'intrigue dans le grand conteneur. Au début, il pense que « la chose » est une jambe de mannequin. Mais depuis quand les jambes d'un mannequin sont-elles couvertes de poils ? Malte manque de s'étrangler lorsqu'il comprend qu'il est face à une jambe humaine.

La police arrive peu après sur le lieu de la découverte. Le reste du corps ne se trouve pas dans le conteneur. L'affaire est immédiatement considérée comme un meurtre et traitée comme telle, même si les policiers n'ont aucune expérience en la matière puisqu'aucun meurtre n'a jamais été commis à Hyvinkää.

L'examen du médecin légiste conclut qu'il s'agit d'une jambe gauche qui a été sectionnée à hauteur du genou. La découpe est irrégulière, ce qui montre qu'elle n'a pas été faite par un professionnel. Il y a des poils et le légiste suppose que la victime est un homme entre 20 et 60 ans. Rien n'est toutefois certain et cette jambe pourrait également avoir appartenu à une femme. Ce membre seul ne suffit pas à identifier la victime. L'enquête se concentre alors sur la recherche d'autres parties du corps.

Les jours suivants, une quête macabre va mettre en émoi la jolie ville de Hyvinkää. Les policiers passent des jours à la décharge et fouillent des montagnes d'ordures. À mains nues, ils passent au peigne fin chaque conteneur, chaque sac et chaque carton. Le chef de l'enquête, Ari Soronen, fait appel à des jeunes de l'école de police pour venir à bout des montagnes puantes de déchets. La nuit, des soldats montent la garde pour éviter que des personnes non autorisées n'accèdent au site. Des chiens renifleurs de cadavres accompagnent les recherches qui restent infructueuses. Les policiers, Ari Soronen en tête, désespèrent de trouver quelque chose. Les habitants de Hyvinkää doivent absolument retrouver leur sentiment de sécurité comme c'était le cas dans la localité avant cette affaire.

Après une longue semaine de recherche, l'un des chiens renifleurs stoppe devant un morceau de tissu abdominal humain qui n'a pas été emballé. L'analyse fournit des informations importantes qui font avancer l'enquête de manière décisive : l'ADN du tissu abdominal et celui de la jambe concordent. La victime est un homme, âgé de 20 à 30 ans, et il était fortement alcoolisé au moment de sa mort. Des dépôts sur les tissus laissent également supposer que l'homme buvait beaucoup de son vivant. Les enquêteurs partent du principe que la victime devait vivre en marge de la société et ne bénéficiait pas de l'aide sociale puisque jusqu'à présent, aucun avis de disparition n'a été émis. Le mort ne semble manquer à personne.

L'équipe d'Ari Soronen n'a aucune expérience en matière de meurtre, mais elle part directement sur la bonne piste. Les policiers apprennent en effet par les services sociaux qu'un homme n'encaisse plus ses chèques d'aide sociale depuis plusieurs jours. Il s'agit de Till, 23 ans, originaire de Hyvinkää. Le médecin légiste a pu déterminer la date de la mort, qui remonte au week-end précédent. Till a été vu samedi soir en compagnie d'autres personnes décrites aux enquêteurs comme étant désagréables. Tout comme Till, il s'agissait probablement de satanistes. Les voisins du garçon le considèrent comme un solitaire et un marginal. Il ne quitte jamais son domicile et ne reçoit pas de visites. Lorsque les agents contactent ses parents, ceux-ci répondent sans montrer la moindre émotion qu'ils n'ont plus de contact avec leur fils depuis des années.

L'enquête conduit rapidement les policiers à l'église pentecôtiste de Järvenpää. Ils discutent avec un jeune homme du nom de Tarje, un missionnaire chrétien qui aide à lutter contre la dépendance à l'alcool chez les jeunes de la région. Lorsque les enquêteurs lui montrent une photo de Till, Tarje confirme qu'il était à l'église avec quatre autres jeunes samedi soir dernier. Il raconte la conversation et l'appartenance du groupe au satanisme, mais précise également que Till n'a rien dit. Seul l'un des hommes aurait parlé, un grand, costaud avec une barbiche au menton. Les policiers remercient Tarje et se rendent dans les lieux fréquentés par les satanistes, très appréciés par les jeunes à cette époque. Ils sont stupéfaits lorsqu'ils obtiennent directement des réponses à leurs questions. Till a bien été assassiné. Ses amis, sous la direction d'un certain Jarno Elg, l'ont sacrifié à Satan. Cet acte était pour Jarno une ultime profession de foi, une preuve de son allégeance au diable destinée aux adeptes du satanisme. C'est pourquoi il en parle fièrement dans le milieu depuis plusieurs jours.

Le 8 décembre 1998, les enquêteurs arrêtent Jarno, Terhi, Mika et Lars. Dans l'appartement de Jarno, ils trouvent l'ADN de Till sur le sol, les murs et le plafond. S'ils n'avaient pas été au courant de l'affaire, ils auraient pu penser, en voyant les quantités de sang, que plusieurs personnes avaient été tuées ici.

Quatre jeunes gens sont assis face à Ari Soronen. Quatre jeunes qui se sont clairement perdus en cours de route. Ils sont alcooliques, plus ou moins toxicomanes, sans emploi et en rébellion contre la loi et l'ordre. Mais le chef d'enquête remarque aussi qu'ils sont intelligents. Ce qu'il apprend au cours de l'interrogatoire est d'autant plus terrible et lourd de conséquences.

Till n'a pas respecté les règles du satanisme. Il a critiqué la musique et, pire encore, n'en a pas compris le sens profond. Une dispute a éclaté. Jarno l'a frappé, ce qui a rendu Till encore plus furieux. Sur ordre de Jarno, Mika et Lars lui ont passé une ceinture avec des rivets autour du cou. Till a dû se mettre à quatre pattes devant le groupe et ramper comme un chien. Au mot « chien », Jarno éclate de rire et raconte, comme s'il s'agissait d'une anecdote, qu'il a sacrifié le sien de la même manière il y a un mois. Ari Soronen ne l'interrompt pas une seule fois. Il est profondément choqué, mais il s'est renseigné sur le satanisme au préalable. Il connaît les onze principes, c'est pourquoi le dixième lui vient à l'esprit à ce moment du récit.

Principe dix :

Ne tue pas d'animaux non humains, à moins qu'ils ne t'attaquent ou que tu en aies besoin pour te nourrir.

Ari Soronen porte à nouveau son attention sur Jarno qui poursuit son récit. Les trois hommes ont uriné à tour de rôle sur Till. Comme ils avaient bu beaucoup de bière, ils en avaient très envie. Ensuite, tous les quatre, y compris Terhi, l'ont frappé à plusieurs reprises. Une barre de fer chauffée à blanc a également été utilisée. À un moment donné, Jarno a été dérangé par les cris de Till, et il l'a frappé à la tête avec des ciseaux. Till a perdu connaissance. Pendant ce temps, à la demande de Jarno, Mika et Lars ont essayé de lui fermer la bouche avec du ruban adhésif. Mais c'était apparemment trop difficile pour eux, car le ruban adhésif a glissé. Quand il a repris ses esprits, Till les a suppliés de ne pas le tuer et leur a promis qu'il ne dirait rien à personne de ce qui s'était passé s'ils le laissaient partir. En racontant cela, Jarno rit à nouveau et décrit Till comme un lâche. Cette fois, Mika et Lars ont bien fait les choses et ont entouré la tête de Till de ruban adhésif. Ari Soronen déglutit péniblement. Till est mort étouffé.

Après sa mort, Jarno a découpé le cœur et les intestins de Till. Il sourit en racontant et montre son ventre avec ses mains pour illustrer son propos. Puis ils ont coupé le pénis du cadavre. La suite de la cérémonie consistait à manger des parties du corps. Avec un couteau, ils ont découpé des morceaux de chair et les ont mangés crus. Ensuite, ils ont décapité la victime et ont joué au ballon avec la tête coupée. Mika et Lars ont quitté la scène du crime tard dans la nuit. Lorsque Jarno et Terhi se sont réveillés le lendemain matin, ils ne se rappelaient plus où ils avaient mis la tête. Finalement, Terhi l'a trouvée dans un placard. Pour se débarrasser de ce qui restait du corps, ils l'ont emporté dans la salle de bain, l'ont découpé et ont fourré les morceaux dans des sacs qu'ils ont jetés dans différentes poubelles de la ville.

Jarno raconte à Ari Soronen les événements du samedi soir non seulement avec ardeur et complaisance, mais aussi avec de la fierté dans la voix. Tout le contraire de son amie Terhi qui affirme qu'ils n'ont jamais eu l'intention de tuer Till. Ils étaient tous ivres et n'ont pas réalisé qu'il allait s'étouffer avec le ruban adhésif sur la bouche et le nez. Lorsqu'ils ont compris que Till était mort, il a fallu faire quelque chose. Découper le corps semblait être la solution la plus simple. Mika raconte qu'il était sous l'influence de l'alcool et qu'il n'a fait que suivre les ordres de Jarno. Il n'a pas mangé les morceaux de corps et n'a pas beaucoup frappé Till. Lars, 16 ans, affirme que les autres l'ont forcé à participer au crime. Il l'a fait parce qu'il avait peur mais il a quitté l'appartement avant le découpage du corps.

En attendant le début du procès, Jarno, Terhi et Mika restent en détention provisoire. Pour Lars, qui est mineur, une condamnation n'est pas possible et il est directement placé dans un hôpital psychiatrique fermé. L'expertise psychologique de Jarno révèle qu'il avait toute sa conscience au moment des faits et qu'il savait exactement ce qu'il faisait.

Le procès débute en août 1999. À la demande des avocats, il se déroule à huis clos. Les journalistes ne seront présents que pendant la première heure. Lorsque Jarno entre dans la salle d'audience, le silence s'installe dans les gradins. L'horreur de l'acte qu'il a commis est ancrée dans toutes les têtes et chacun en a ses propres images. Il n'a pas changé. Sa tenue est décontractée. Il a toujours ses cheveux longs et sa barbe et il porte un t-shirt à l'effigie d'un groupe de metal et une chemise ouverte à carreaux rouges. Il s'assoit, la tête haute, le sourire aux lèvres. Chaque fois qu'il remarque un appareil photo braqué sur lui, il fait le salut « heavy metal » en levant l'index et le petit doigt. À ses côtés, Terhi porte ses cheveux noirs strictement attachés et elle n'est pas maquillée. Elle n'est plus avec Jarno depuis un certain temps.

Le tribunal décide que les détails sur cette affaire ne seront pas révélés avant 40 ans, soit en 2038, date à laquelle l'enquête, le procès et le nom de la victime seront divulgués. En 1999 en effet, la Finlande est en pleine « Satanic Panic » et le tribunal ne veut pas inquiéter outre mesure la population. De plus, le risque de « copycat » est trop élevé.

Les jugements sont toutefois rendus publics le 11 août 1999. Mika est condamné à deux ans et huit mois de prison pour complicité de meurtre et profanation de cadavre. Terhi est condamnée à huit ans et six mois en tant que complice, et Jarno est condamné à la prison à vie en tant qu'instigateur du crime.

Mika est le seul des trois coupables à avoir purgé l'intégralité de sa peine. Depuis sa libération, il n'a plus fait l'objet de poursuites judiciaires, à l'exception de conduite en état d'ivresse.

Terhi a été libérée en 2003, après quatre ans de prison. En 2007, elle a commis un nouveau meurtre en tuant une connaissance lors d'une dispute avec un outil de jardin. Comme plus de trois ans se sont écoulés sans qu'elle ait commis de délit, elle est considérée comme une délinquante primaire selon la loi finlandaise de l'époque et n'est condamnée qu'à la moitié de la peine. En prison, elle a fait la connaissance d'un meurtrier dont elle est tombée amoureuse. Après sa libération en 2017, le couple s'est installé dans le nord de la Finlande et a fondé une famille.

« *Death is rebirth. The end brings new beginning. Ever turning the wheel of the Pagan cycle* - La mort est une renaissance. La fin apporte un nouveau commencement. La roue du cycle païen tourne sans cesse. » Ce sont les paroles de l'une des chansons de la « Cainian Chronicle ».

Jarno a été libéré sous liberté conditionnelle en 2016. Aujourd'hui, il vit comme un homme libre. Il a obtenu son diplôme de fin d'études secondaires et travaille à plein temps. On ignore où il habite, quelle est sa vie privée et s'il continue à s'identifier aux paroles de cette chanson.

Note : en raison de l'interdiction de divulgation des détails de l'affaire, le nom de la victime n'a jamais été révélé. Till est un prénom fictif.

CHAPITRE 13

La porte est restée fermée

« La démocratie et l'unité de notre société sont des valeurs porteuses qui ne reposent pas sur l'égalité de tous, mais sur le respect de l'humanité et de l'esprit de chaque autre individu. »

Sauli Niinistö, 12e président de la République de Finlande

Li Andersson avale une large gorgée d'eau lorsque les premiers spectateurs entrent dans la vaste salle de réunion de la bibliothèque municipale de Jyväskylä. En tant que présidente de « l'Organisation de la jeunesse de l'Alliance de gauche », elle a l'habitude de s'exprimer en public, de présenter ses idées et de répondre aux questions. C'est à cette habitude qu'elle doit son aisance. La jeune femme est passionnée par son travail qui correspond à ses idées sur les valeurs et le droit dans un monde moderne. Cette passion a porté ses fruits et, à seulement 24 ans, elle a été élue présidente de l'Organisation. Mais aujourd'hui encore, et malgré son expérience, parler devant de grandes foules provoque chez elle un trac injustifié. « Tout va bien ? », lui demande Mikael Brunila. Le jeune homme est journaliste et militant pour les questions sociales et la protection de l'environnement. « Oui, merci », répond Li en souriant. Elle est heureuse d'avoir Mikael à ses côtés. Il est grand, mince et porte presque toujours une casquette sur ses cheveux blond foncé coiffés n'importe comment. Il dégage une impression de sécurité et de calme qui se transmet à Li. Elle replace une mèche blonde derrière son oreille et regarde le livre posé sur le pupitre… son livre. Il s'intitule « L'extrême droite en Finlande ». Li l'a écrit en collaboration avec Mikael. Le troisième auteur, Dan Koivulaakso, n'a pas pu être présent aujourd'hui. Il est conseiller municipal de l'Alliance de gauche à Helsinki et son emploi du temps ne lui permet pas de venir présenter son livre à la bibliothèque municipale. Mais il sait qu'il peut compter sur Li et Mikael. Le thème de l'extrémisme de droite en Finlande est plus que jamais d'actualité. Le « Mouvement de résistance nordique » propage des idées d'extrême droite dans toute la Scandinavie et séduit une grande partie de la jeunesse avec ses slogans populistes. En outre, une branche de ce mouvement nommée « Mouvement de résistance finlandais » est active en Finlande. Les Blancs y sont promus comme une race supérieure et ils défendent les rôles et les modèles familiaux traditionnels.

Un de leurs modèles est Adolf Hitler. Li, Mikael et Dan ont à cœur d'informer sur ce mouvement et ses dangers. C'est pour cela qu'ils ont écrit le livre qu'ils présentent aujourd'hui, 30 janvier 2013, à la bibliothèque municipale de Jyväskylä, une ville universitaire située à 300 km au nord d'Helsinki. En se rendant à la bibliothèque, Li et Mikael ont parlé d'un incident impliquant l'extrême droite survenu il y a quelques mois. Ils ne pouvaient pas ne pas l'évoquer puisque cet incident, qui s'est déroulé dans une ville voisine, est directement lié à l'événement d'aujourd'hui.

Le 19 juillet 2012, lors d'une parade LGBTQ, un activiste a fait référence à la violence contre les minorités lorsqu'un jeune homme lui a sauté dessus et l'a aspergé à bout portant avec une bombe au poivre. Alors que l'activiste se tordait de douleur, l'agresseur a dirigé le spray sur la foule et a appuyé. Vingt personnes ont été blessées. L'homme a profité des moments de panique qui ont suivi pour disparaître discrètement. Li, Mikael et Dan ont été choqués par la violence de cette agression et par l'attaque contre la liberté d'expression politique. Eux aussi, en tant que personnes se prononçant publiquement et clairement contre les idées de l'extrême droite, ont déjà dû faire face à l'hostilité. Jusqu'à présent, celle-ci s'est toutefois limitée aux réseaux sociaux. Ainsi, ils ont récolté de la haine, du rejet et des insultes sur Facebook lorsqu'ils ont annoncé la parution de leur livre. Quelqu'un a même qualifié leur ouvrage de trahison d'État. Pour les trois amis, cette haine est une raison supplémentaire pour faire connaître leur livre et éviter le pire en informant les gens.

La police ayant été avertie de la présentation du livre, des gardes sont sur place pour assurer la sécurité. Rien ne s'oppose donc au bon déroulement de l'événement.

Il est presque 18 heures. Il ne reste que quelques minutes avant le début de la manifestation. Pendant la journée, le soleil a fait une apparition, chose vraiment rare à cette époque de l'année. De nombreuses personnes sont donc sorties de chez elles en ce jour d'hiver et certaines se sont rendues à la présentation du livre de Li et Mikael. Il y a 200 personnes dans la salle et les portes sont fermées. Entre-temps, le soleil s'est couché et la salle est éclairée par des néons éblouissants. Un spot est dirigé vers Li et Mikael.

« Bonsoir, je suis ravie de vous voir si nombreux ce soir » déclare Li en préambule. Après quelques phrases, elle se sent rapidement dans son élément. Avec Mikael, elle explique le contenu du livre et la nécessité de l'avoir écrit. Le public écoute avec attention puis commence à poser des questions et un dialogue s'engage. Le début de la soirée est un succès… jusqu'à ce que des cris se fassent entendre à l'extérieur et que l'on tente de forcer la porte.

Peu après que Li et Mikael ont salué le public, Arno a fermé la porte de la salle. Il pense à l'agression à la bombe au poivre d'il y a quelques mois et à la peur que représentent les actes de l'extrême droite. Qui sont ces gens qui, aujourd'hui, pensent de manière aussi traditionnelle, déclarent des peuples entiers comme inférieurs et sont aussi critiques envers l'Union européenne qu'envers le changement climatique ? Il a déjà assuré la sécurité de nombreux événements et a surveillé les portes de nombreuses salles. Son métier le met en contact avec toutes sortes de personnes. Mais l'événement d'aujourd'hui l'intéresse personnellement. Il se dit qu'il va lire le livre dont on parle ce soir. Alors qu'il s'apprête à s'asseoir sur la chaise à droite de la porte, il entend un bip venant de sa ceinture. Un employé de l'accueil de la bibliothèque le prévient que trois hommes suspects viennent d'entrer dans le bâtiment. L'un d'eux porte des lunettes de protection, des gants et un gilet pare-balles, l'autre un sac rempli de bouteilles en verre vides et le troisième ferme la marche avec un appareil photo numérique. Ils sont relativement jeunes, de taille moyenne et de forte corpulence. Il a déjà prévenu la police, mais celle-ci ne viendra pas pour le moment, la situation ne présentant pas de danger évident.

« Il vaut mieux garder un œil sur ces trois-là, je pense qu'ils veulent entrer dans la salle », se dit le garde. La suite va lui donner raison. Arno aperçoit le trio qui s'approche d'un pas décidé sans dire un mot. « Bonsoir, dit le garde d'une voix calme et ferme, la présentation a déjà commencé. Je ne peux malheureusement plus vous laisser entrer ». Trois paires d'yeux sombres l'observent, toujours sans rien dire. Les secondes passent, et si Arno avait des ciseaux, il pourrait couper l'air entre lui et les trois hommes. Soudain, il sent une douleur au visage et a besoin d'une demi-seconde pour réaliser ce qui vient de se passer. L'homme au gilet pare-balles vient de lui donner un coup de poing sans crier gare. Alors qu'Arno se tient la joue, un de ses collègues se précipite vers le trio de trouble-fêtes. « Éloignez-vous de cette porte ! », crie-t-il. Les trois hommes essaient d'entrer mais la porte résiste. Apparemment, les spectateurs effrayés ont entendu le bruit et la bloquent de l'intérieur. « Reprends-toi », se dit Arno. L'homme est toujours un peu sonné mais il sait qu'en 20 ans de métier il n'a jamais vécu une telle situation. Alors que son collègue tente en vain de parler aux trois hommes, Arno contacte l'accueil avec sa radio. « Appelez la police, ces trois-là sont fous. »

De longues minutes s'écoulent encore et la police n'est toujours pas là. À travers la porte en bois massif, Arno entend la salle qui gronde, tandis que les assaillants continuent d'essayer de rentrer. Les gens sont effrayés et qui sait pendant combien de temps ils vont réussir à maintenir la porte fermée… Il espère que les trois hommes n'ont pas encore dans leur sac tout un arsenal pour rentrer par la force. Arno entend son collègue dire aux assaillants que la police est en route et il est attaqué dans la foulée avec une bouteille en verre. Le garde blessé sort sa matraque pour se défendre. Sans hésiter, Arno attrape la chaise qui est tombée par terre après le coup de poing et la lance sur les trois hommes. Elle atteint le groupe, mais personne n'est blessé. Tout va ensuite très vite. Le collègue d'Arno tombe au sol et les trois hommes prennent soudainement la fuite. Le garde est surpris par ce changement d'attitude. Pourquoi prennent-ils la fuite alors qu'ils voulaient désespérément entrer dans la salle ? L'ont-ils entendu quand il a demandé d'appeler la police ? Mais il réalise alors que son collègue saigne. L'un des hommes l'a poignardé au torse.

La police arrive peu après. Arno répond à toutes les questions pendant que son collègue est conduit à l'hôpital. Il s'avérera vite que sa vie n'est pas en danger. L'agresseur au couteau est rapidement soupçonné d'être aussi celui qui a commis l'agression avec la bombe au poivre en juillet 2012. Selon toute vraisemblance, des militants d'extrême droite voulaient perturber la présentation du livre. Jusqu'où seraient-ils allés ? Arno préfère ne pas y penser. Le policier lui pose une main sur l'épaule. Qu'il ne s'inquiète pas, grâce aux enregistrements des caméras de surveillance, ils retrouveront les trois agresseurs. Certains témoins qui les ont vus s'enfuir sont également interrogés.

En effet, dès le lendemain, la police arrête deux des agresseurs : Bernd Larsson et Markus Lenninge. On n'a aucune trace de Simon Lummo, qui a frappé Arno et a blessé le deuxième garde avec un couteau. Les hommes arrêtés sont originaires de Jyväskylä. Markus Lenninge, 17 ans, déclare qu'il ne connaissait pas Simon Lummo et qu'il a juste suivi son ami Bernd, qui avait proposé cette « excursion » à la bibliothèque municipale. Il n'a jamais été question de violence ; dans ce cas, il n'aurait pas accompagné les deux autres. Comme il n'a pas fait usage de violence avec les gardes et qu'il est mineur, la police le laisse partir. Bernd Larsson ne sait pas où se trouve Simon Lummo. Après leur fuite de la bibliothèque, leurs chemins se sont séparés. Lors de la fouille de son appartement, les policiers trouvent une clé USB contenant une base de données qu'il a créée et qui contient 300 personnes, avec photos et informations personnelles. Larsson les a classés par ethnie, religion et opinions politiques. Les enquêteurs trouvent ainsi des groupes appelés « Juifs » ou « Élite ».

Suite à l'arrestation, Li et Mikael s'expriment sur les incidents de la soirée précédente. La jeune femme remercie le public courageux qui a bloqué la porte empêchant ainsi des violences plus graves. Dans sa déclaration, Li demande un jugement équitable : « L'objectif de ces personnes est apparemment de faire de la violence pour des motifs politiques quelque chose de normal. Pour cette raison, il est désormais extrêmement important que la justice prenne position pour la liberté d'expression et reconnaisse la nature politique de cette attaque néonational-socialiste. »

En janvier 2014, Simon Lummo est toujours en fuite. Le tribunal de district organise un procès par contumace et la police offre une récompense pour toute information. Simon Lummo est considéré comme fugitif depuis l'agression perpétrée lors de la manifestation LGBTQ de juillet 2012. Entre-temps, il a été identifié par la victime et les organisateurs de la manifestation comme étant l'auteur de l'attaque avec la bombe au poivre.

En novembre 2014, par une froide journée d'hiver, un homme attaque une jeune mère qui se promène avec son enfant sur une aire de jeux près d'Helsinki. Il l'assomme et lui vole son porte-monnaie. Peu après, les policiers arrêtent Simon Lummo comme étant l'auteur de l'agression. Une heureuse erreur, car quelques semaines plus tard, ils appréhendent le véritable agresseur de la jeune femme. Simon n'a pas attaqué la femme, mais il a été arrêté parce qu'il ressemble beaucoup au véritable agresseur.

Le procès de Bernd Larsson et de Simon Lummo a eu lieu en janvier 2015. Lummo est reconnu coupable de tous les chefs d'accusation, en l'occurrence l'attaque à la bombe au poivre en juillet 2012 et l'agression au couteau dans la bibliothèque municipale de Jyväskylä en janvier 2013. Il est condamné à un an et demi de prison avec sursis. Larsson est condamné à 50 jours-amendes correspondant chacun à 300 euros. Il doit en outre verser des indemnités à chacune des 300 personnes figurant dans sa base de données personnelle, pour un montant total de 15 600 euros. Pour les protéger, la police avait informé les personnes concernées qu'elles étaient dans cette base de données, ce qui avait provoqué une panique générale. Personne en effet ne savait ce que Larsson avait l'intention de faire avec ces informations.

La condamnation de Lummo et Larsson n'a pas servi d'avertissement aux partisans du Mouvement de résistance finlandais. Le 10 septembre 2016, le groupe organise une manifestation à Helsinki lorsqu'un jeune homme, Jimi Kartonen, passe devant eux. Il méprise les idées d'extrême droite et l'exprime à haute voix en passant et en crachant par terre face aux manifestants. L'un des néonazis lui donne alors un coup de pied si violent dans la poitrine que Jimi tombe et se cogne la tête sur le sol. Il est placé en observation à l'hôpital et sort au bout de quelques jours, mais une semaine plus tard, il décède des suites du choc. L'agresseur est condamné à deux ans et trois mois de prison. La capitale finlandaise est en émoi après ce tragique incident et organise une manifestation contre la violence à caractère politique. 15.000 personnes y participent.

Le monde politique réagit également. En 2018 le Mouvement de résistance finlandais est interdit, car il enfreint le « Finnish Associations Act » selon lequel les associations ne peuvent pas agir contre la loi. Cette décision a suscité des critiques, car l'interdiction de cette association porte atteinte à la liberté d'expression politique. Malgré ces critiques, la décision d'interdiction est toujours en vigueur aujourd'hui.

CHAPITRE 14

Une femme forte ?

(Par Heike Schlosser / Keine Gnade — Der True Crime Podcast)

Virpi Sanna Sinikka Butt est née le 9 août 1972 en Finlande. On ne sait presque rien de son enfance qui n'a peut-être pas été aussi simple et protégée que l'on pourrait le souhaiter. À 16 ans, elle met au monde un fils déclaré de père inconnu. Virpi Butt a des centres d'intérêt différents de ceux des filles de son âge puisque sa passion, c'est le bodybuilding. Son culte unique, c'est son corps. Pour atteindre ses objectifs, elle n'hésite pas à prendre des stéroïdes anabolisants. Qui aurait pu penser que cette jeune femme sportive serait mêlée à l'un des actes les plus cruels de l'histoire criminelle finlandaise.

Le besoin de travailler son corps au-delà de toute raison devient rapidement une addiction chez Virpi Butt. Sa consommation de substances interdites augmente jusqu'à atteindre une dose de stéroïdes dix fois supérieure à celle prise par un homme.

En 1993, sa carrière de bodybuildeuse est à son apogée. En tant que « Timantti » (diamant), Virpi fait des apparitions dans la série télévisée finlandaise « Gladiaattorit », également connue à l'international sous le nom de « American Gladiator ». Dans la variante finlandaise de cette série très populaire dans les années 1990, Virpi Butt affronte les candidats de l'émission dans des épreuves sportives. Elle est considérée comme l'un des meilleurs gladiateurs de la série. Pourtant, la jeune femme âgée seulement de 21 ans à ce moment-là n'est engagée que pour la deuxième des trois saisons et sa carrière télévisuelle prend fin au bout d'un an. Le Diamant qui brillait si fort il y a quelque temps tombe dans l'alcool, la drogue et les tranquillisants.

Virpi donne naissance à son deuxième fils en 2000, également de père inconnu. En 2002, elle vit avec ses deux garçons dans un petit appartement de Tampere, une grande ville du sud de la Finlande. Elle est connue dans tous les bars de la région, non seulement pour sa consommation excessive d'alcool, mais aussi et surtout pour ses altercations avec les autres clients. Elle est violente et provoque régulièrement des bagarres, au cours desquelles, en sportive entraînée, elle a souvent le dessus sur ses adversaires masculins. Son ami, son frère presque, Janne Hyvönen, en fait souvent partie. Il a trois ans de moins qu'elle et passe la plus grande partie de son temps à ses côtés. Ils ne sont pas amants, mais Janne est jaloux lorsque Virpi entretient une relation avec un homme.

C'est le cas avec Kari Pekka Anttonen, un programmeur de 29 ans qui connaissait Virpi depuis les années 1990. Les deux amis s'étaient perdus de vue jusqu'à la séparation d'Anttonen et de sa copine en 2001. Le jeune homme avait alors traversé une dépression qu'il noyait dans l'alcool. C'est ainsi que Virpi et Anttonen s'étaient retrouvés et avaient appris à mieux se connaître et à s'aimer.

Le soir du 29 mai 2002, les trois amis se retrouvent dans un bar, le « Sputnik », après avoir déjà passé deux nuits blanches à boire. Ici encore, ils sont connus et l'alcool coule à flots. Ce soir-là, c'est Anttonen qui doit payer les tournées mais les nuits de beuveries précédentes ont fait des ravages et il est HS peu après minuit. Selon une vieille règle qui court dans les bars, celui qui a trop bu n'apporte que des ennuis et pas d'argent. Le trio doit donc quitter la taverne. Butt et Hyvönen portent pratiquement Anttonen qui ne tient pas debout. Vu son état, ils ne vont pas à son appartement, comme c'était prévu, car il est situé en haut d'une rue et donc moins facile d'accès en soutenant un homme ivre. Ils se dirigent donc vers le logement de Virpi Butt, qui est un peu plus loin mais en terrain plat. Certes, il y a là deux enfants qui dorment, mais cela ne paraît pas être un obstacle pour le trio d'alcooliques qui poursuit une joyeuse beuverie dans le salon de Butt, où dort également son petit garçon de deux ans. L'aîné âgé de 14 ans dort dans un placard aménagé dans la pièce voisine.

Il est environ trois heures du matin lorsque Hyvönen devient hors de contrôle. Personne ne se souviendra plus tard, ou ne voudra se souvenir, de la manière dont la situation a dégénéré. Une dispute ? Une bagarre ? Un mot de travers ? On ne peut que spéculer sur les raisons pour lesquelles Hyvönen s'est senti provoqué jusqu'à poignarder une première fois Anttonen dans le dos avec un couteau. Lorsque l'homme tombe en avant, Hyvönen s'assoit sur lui et continue de le poignarder à plusieurs reprises dans le dos avec un deuxième couteau. Il déclarera plus tard qu'il avait l'impression d'être une machine à coudre. Miraculeusement, Anttonen est encore en vie après cette attaque. Hyvönen l'achève en lui tranchant la gorge avec le plus grand des deux couteaux. Le petit garçon de deux ans était dans la pièce pendant toute la durée de l'opération.

Virpi Butt et Janne Hyvönen transportent ensemble le corps d'Anttonen dans la salle de bain et commencent à nettoyer le salon souillé de sang. En allant à la salle de bain, ils ont croisé le fils aîné de Virpi qui a vu la scène mais n'a rien dit.

Le couple cherche ensuite une solution pour se débarrasser du cadavre au plus vite. Ils n'ont pas de véhicule et téléphonent à des connaissances. Comme Butt et Hyvönen ne font pas mystère de ce qu'il faut transporter, personne ne veut les aider dans leur sinistre projet. D'ailleurs, ils n'ont probablement pas été pris au sérieux, car personne à ce moment-là n'a informé la police.

Il faut trouver une autre solution. Janne Hyvönen se rend à son appartement pour chercher des outils. Le nouveau plan prévoit de découper le corps. De retour dans la salle de bain, le couple d'amis tranche la tête, le bout des doigts et découpe les tatouages. Au début, ils coupent avec un couteau de chasse mais pour les jambes le couteau ne suffit pas et ils utilisent une scie.

Ils emballent les morceaux de corps dans trois sacs poubelle qu'ils stockent sur le balcon de l'appartement. Hyvönen tente à nouveau d'appeler un ami pour qu'il l'aide à transporter les sacs. Lorsque l'ami veut savoir ce que contiennent les sacs, Janne le lui dit en lui précisant qu'il a frappé quelqu'un à mort. L'ami refuse évidemment de donner un coup de main et les sacs restent sur le balcon.

La présence des morceaux de corps tout proches, fait déraper les idées du duo meurtrier jusqu'à l'insoutenable. Virpi déballe la tête de son amoureux et la place dans la cuisine à côté du four pour l'exposer comme un trophée. Hyvönen, lui aussi a une idée : il prend les jambes d'Anttonen, les met au four « avec un peu de sel et des épices », comme il le dira plus tard, et les fait cuire. Puis il en mange des morceaux. Sa complice ne participe pas au repas. Au lieu de cela, elle appelle une amie et lui propose de passer la voir. Lorsque l'amie arrive sans se douter de rien, Virpi Butt lui présente en riant la tête coupée. L'amie est horrifiée et ne partage pas du tout l'humour de Virpi Butt qui réalise soudain le risque de la situation. Avec peine, elle réussit à convaincre son amie qu'il ne s'agit que de la tête d'un mannequin, un genre d'accessoire, rien dont il faille s'inquiéter. L'amie semble rassurée. En tout cas, il n'y a toujours pas de plainte déposée à la police.

Dans les jours qui suivent, les deux meurtriers ne montrent ni remords ni scrupule. Ils sont même fiers de leur acte et se vantent du meurtre dans les bars de Tampere. Ils ne font pas non plus mystère du fait que la tête orne toujours la cuisine de Virpi. Personne ne les croit. Même pas lorsqu'ils se présentent dans un bar avec un sac en plastique mouillé, racontent leur histoire et affirment que la tête s'y trouve. Virpi place le sac sur un tabouret de bar, se balance sur celui d'à côté et pose ses pieds sur le sac dégoulinant. Certains clients quittent quand même le bar.

La tête joue un rôle particulier dans le scénario mental des deux tueurs. Alors qu'elle semble être le trophée ultime pour Butt, Hyvönen veut continuer à s'en servir, comme si les restes du programmeur assassiné étaient un jouet. Quelques jours plus tard, alors qu'il est dans la cuisine et à nouveau ivre, Hyvönen a l'idée de faire bouillir la tête. Il prend une casserole, la remplit d'eau et y place la tête. Lorsque les traits du visage se déforment sous l'effet de la chaleur et se transforment en une affreuse grimace, Hyvönen éclate de rire. Puis, sans raison, il retire les dents de la mâchoire, l'une après l'autre. Un sentiment de puissance absolue l'envahit. Lui, Janne Hyvönen a tué, démembré, mangé ; il est capable de tout.

Il semble que, dans leur ivresse permanente, Hyvönen et Butt aient oublié que des morceaux de corps sont encore sur le balcon. Évidemment, au bout d'un certain temps, les sacs commencent à sentir très mauvais. Il n'est pas possible d'attendre plus longtemps. Après plusieurs appels téléphoniques, le couple maudit finit par trouver quelqu'un prêt à les aider à se débarrasser des « déchets ». Cette fois, ils ne disent pas ce qu'il y a dans les sacs. Le chauffeur, qui restera anonyme, pense qu'il s'agit de choses compromettantes dont on veut se débarrasser, mais l'odeur est tellement insoutenable qu'il refuse d'amener les sacs à Nokia à 20 minutes de là comme c'était prévu. Il aide à mettre les sacs dans différentes poubelles, tandis que Virpi et Janne se vantent de leurs exploits violents et rient à leurs propres blagues. Cet homme, devenu complice malgré lui, ne va pas non plus en parler à la police.

La disparition de Kari Pekka Anttonen a quand même été signalée. On ne sait pas qui s'en est occupé, mais au cours de l'enquête, les policiers frappent chez Butt et Hyvönen. Bien sûr, les enquêteurs ignorent alors qu'ils sont tout proches de la solution, et comme ils ne recueillent aucune information utile auprès des deux complices, il n'y a pas de raison de les arrêter et le couple d'amis reste en liberté.

La vie de Virpi et Janne reprend son cours habituel fait d'alcool et de drogue. Mais peu de temps après le meurtre, le propriétaire de Virpi Butt l'expulse de son appartement. Ses excès sont trop extrêmes, son mode de vie trop dépravé. Les menaces de Virpi n'y font rien et elle doit déménager avec ses enfants. Le propriétaire fait nettoyer l'appartement à trois reprises avant de parvenir à le remettre dans un état acceptable.

Virpi trouve un nouveau logement pas très éloigné de l'ancien et elle peut au moins continuer à fréquenter ses bars habituels.

En juin, la Finlande célèbre la Saint-Jean, une fête traditionnelle et particulièrement exubérante. Ce qui était à l'origine une célébration païenne en l'honneur de la divinité Ukko est aujourd'hui une joyeuse fête où l'on mange bien, où l'on boit beaucoup et où l'on allume des feux de joie.

Le 20 juin 2003, Virpi Butt laisse ses deux fils avec Janne Hyvönen et part au supermarché avec l'intention d'acheter de l'alcool pour la fête de la Saint-Jean qui approche. Son chemin ne la conduit pas au centre commercial mais dans un bar, comme souvent. C'est là qu'elle rencontre Arto Malinen, un jeune homme de 26 ans qui vit depuis trois ans à Pirkkala, près de Tampere. Depuis quelques jours, profitant de l'été, le jeune homme fait la tournée des bars. Virpi et Arto s'entendent bien tout de suite et quittent le bar ensemble après la fermeture à 3 h 30 du matin. Ils prennent un taxi pour se rendre à l'appartement de Malinen où ils arrivent peu après 4 heures. Butt paie le taxi. Le couple passe ensemble ce qui reste de nuit et se remet à boire dès le lendemain.

Avec une amie de Virpi, que nous appellerons Emma, ils se rendent dans un autre bar. L'ambiance est chaude, on rit beaucoup et on boit encore plus. Mais lorsqu'il apparaît que Virpi Butt est interdite dans le bar en raison de son passé, le trio est brusquement contraint de quitter les lieux. Dans la rue, ils rencontrent un jeune toxicomane, que nous appellerons Mika, à la recherche d'un dealer de cannabis. La conversation s'engage, on parle le même langage, on se comprend. Arto Malinen, déjà ivre, ne réagit pas lorsque Butt affirme qu'il a du cannabis chez lui et que Mika pourra en acheter. Ils s'entassent tous les quatre dans un taxi et se rendent à l'appartement de Malinen à Pirkkala. Le trajet en taxi n'est pas aussi joyeux que l'on pourrait le penser. Malinen complètement ivre, fait n'importe quoi. Ses tentatives pour embrasser Butt se heurtent à la violence et au dégoût de cette dernière.

Il a aussi tendance à s'endormir et les tentatives brutales de Virpi pour le maintenir éveillé suscitent l'étonnement de Mika qui pense manifestement qu'il est nécessaire de calmer Virpi Butt. Il lui propose du diazépam. Il s'agit d'une benzodiazépine utilisée pour traiter les états d'agitation psychique comme les troubles anxieux ou pour calmer les patients avant une intervention chirurgicale.

Arrivés à l'appartement de Malinen, Emma et Virpi se rendent à la cuisine, afin de manger et surtout de boire quelque chose, tandis que les deux hommes tentent de s'occuper de leur deal de cannabis. Malinen tend à Mika une boîte d'allumettes au lieu d'une pochette d'herbe. Mika, à bout de patience, estime que l'on s'est moqué de lui et il demande 20 euros pour revenir en taxi jusqu'à Tampere. L'ambiance bascule brusquement. Alors qu'Arto Malinen, bien embêté, cherche désespérément du cannabis pour sauver la situation, Butt prend un couteau dans la cuisine. Elle dit à Emma, qui se dirige vers la salle de bains : « Il va y avoir un autre cadavre ici. » Le ton monte entre Malinen et Mika. Malinen attrape Mika à la gorge, mais soudain il s'arrête et crie : « Merde, quelque chose m'a piqué, putain, ça brûle ! » Le couteau que Virpi Butt avait découvert un peu plus tôt dans la cuisine est enfoncé jusqu'au manche dans le dos de Malinen. Il le retire difficilement, chancelle et s'écroule. Mika, sous le choc, tente de s'enfuir, mais Virpi le retient. Elle le menace de le tuer et finit par lui arracher la promesse de ne pas aller voir la police, puis elle laisse le jeune homme partir. Lorsqu'Emma sort de la salle de bain, elle voit Malinen à terre au milieu d'une mare de sang. Il demande de l'aide et une ambulance. Emma prise de peur veut quitter l'appartement, mais Virpi la menace et la jeune femme voit alors son amie se jeter sur l'homme de 26 ans couché sur le sol et le poignarder à plusieurs reprises. Douze fois au total. Son corps est couvert de blessures. Virpi Butt traîne ensuite dans la salle de bain l'homme qui était tombé par hasard dans ses bras moins de deux jours plus tôt, et lui tranche la gorge.

Comme l'année précédente, Virpi Butt se retrouve devant un cadavre, mais cette fois-ci dans un appartement qui n'est pas le sien. Laisser le corps sur place n'est pas possible. Il faut s'en débarrasser. Elle appelle Janne Hyvönen qui est toujours chez elle avec ses enfants. C'est Emma qui part maintenant faire du baby-sitting, non sans avoir été informée par Virpi Butt de ce qu'il adviendrait d'elle si elle allait à la police. Hyvönen arrive de son côté avec des couteaux et une scie dans ses bagages. « Quel mois de juin », pense-t-il.

Une fois de plus, les deux amis sont pris de frénésie. Comme la fois précédente, ils coupent d'abord la tête, qu'ils ne gardent pas comme trophée cette fois-ci, puis les bouts des doigts et les tatouages. Les organes sont jetés dans les toilettes. Le couple maudit s'interrompt régulièrement pour boire et fumer afin de se reposer de cette tâche éprouvante. Une fois le corps vide de son sang, ils l'emballent dans des sacs poubelles. Ils prennent également l'argent qui se trouve dans l'appartement ainsi que le couteau qui a servi à tuer Malinen. Ils contactent ensuite un ami qui a un véhicule et qui les aide à se débarrasser du corps. Les sacs sont à nouveau répartis dans différents conteneurs en ville. Pour la tête, en revanche, ils ont prévu un petit extra. Ils la placent devant les pneus de la voiture pour l'écraser. Mais la tête roule et la tentative échoue.

Emma de son côté ne parvient pas à oublier l'acte dont elle a été le témoin involontaire. Mais les menaces proférées par Virpi Butt pèsent sur elle. Au lieu d'en parler à la police, elle se confie à quelques amis qui ne croient pas un mot de ce qu'elle dit.

Le même jour, le centre d'appel de la police reçoit deux coups de fil anonymes. Le premier parle du meurtre et du démembrement d'un homme. Le Central pense que c'est une mauvaise blague. La Saint-Jean n'est pas loin et on boit beaucoup d'alcool dans tout le pays. C'est une période où il y a énormément d'appels et tous ne sont pas à prendre au sérieux. C'est le rôle des personnes du standard de distinguer les vrais appels à l'aide des messages de plaisantins.

Pourtant, peu de temps après le même jour, nouvel appel anonyme. Cette fois, c'est une femme. Elle dit avoir été témoin d'un meurtre et précise que le corps a été démembré. Elle peut donner des détails sur la victime et sur les auteurs. Bien qu'il puisse à nouveau s'agir d'une blague, la police décide quand même d'enquêter sur cette information. Lorsqu'elle se présente chez Virpi Butt et Janne Hyvönen, il ne faut pas longtemps pour que les deux complices passent aux aveux. Ils conduisent les enquêteurs vers les poubelles contenant les morceaux de corps. Le duo est arrêté immédiatement.

Au cours des interrogatoires suivants, ils avouent également le meurtre de Kari Pekka Anttonen. En 2003, d'innombrables conteneurs poubelles de la région de Tampere ont été fouillés dans le cadre d'une vaste opération de recherche. Le corps d'Anttonen n'a jamais été retrouvé.

Le 9 septembre 2003, quatre personnes doivent répondre de leurs actes devant le tribunal. Outre Virpi Butt et Janne Hyvönen, Mika et le chauffeur de la voiture sont également inculpés. Le chauffeur parce qu'il a aidé à se débarrasser du corps et Mika parce qu'il n'a pas signalé le meurtre. Emma, en revanche, n'est pas inculpée. Son appel anonyme a permis d'élucider l'affaire.

Le duo accusé de meurtre et de profanation de cadavre semble indifférent aux actes qu'il a commis. Au fur et à mesure des audiences, Butt et Hyvönen ne montrent ni culpabilité ni remords. Au lieu de cela, ils se font remarquer par leurs rires et leurs sarcasmes. Alors que Butt essaie de rendre la consommation massive d'alcool responsable de son crime, Hyvönen se vante du sentiment de puissance que lui ont procuré aussi bien le meurtre d'Anttonen que le démembrement et le cannibalisme. Selon lui, être au-dessus de la mêlée et capable de tout procure un sentiment formidable. Le couple maudit ne considère pas les actes qu'ils ont commis comme particulièrement cruels. Ils n'ont pas infligé de souffrances prolongées aux victimes, les meurtres ont été rapides.

Même s'il existe beaucoup de suppositions et d'hypothèses, le motif certain de ces deux assassinats reste obscur. L'expertise a estimé que les deux coupables étaient entièrement responsables de leurs actes.

Le jugement a été rendu le 9 juin 2004. Le conducteur de la voiture est condamné à une peine de trois mois de prison, Mika à une peine de 30 jours. Virpi Butt et Janne Hyvönen sont condamnés à la prison à vie.

Virpi Butt, malgré toutes les recommandations des psychiatres, a été libérée le 31 décembre 2018 après 15 ans et 5 mois de détention. Elle vit aujourd'hui à Tampere sous un nouveau nom. Janne Hyvönen a également été libéré peu de temps après. Pour lui aussi, le risque de récidive est élevé. Néanmoins, les deux criminels, s'ils continuent d'avoir une bonne conduite et s'ils bénéficient d'une situation familiale stable, ont une chance de se réinsérer dans la société finlandaise.

Quelques mots de l'auteur

Cher lecteur,

Je tiens à vous remercier d'avoir acheté ce livre. Il s'agit de mon sixième ouvrage depuis juin 2019, et je vous invite à lire également tous les autres livres de la série. Quatre à ce jour ont été traduits en français. Chacun d'eux est un best-seller de la série True Crime.

Puis-je vous apporter quelques précisions à mon sujet ?

J'écris presque à plein temps. Je passe chacun de mes moments de libre à mon bureau, à faire des recherches, à écrire et à revoir des textes. Il m'a fallu des années pour avoir le courage de publier mon premier livre, car je me suis trouvé des montagnes d'obstacles, comme c'est souvent le cas. J'avais besoin que tout soit parfait avant de me lancer. De nombreuses années se sont écoulées avant que je ne décide finalement de renoncer à la perfection et que je me dise que « Seul un navire qui avance peut être dirigé ». Je reconnais qu'il peut y avoir des défauts dans mon travail. Mais je voulais écrire, publier et, si possible, vivre de ce travail. Le fait d'avoir une famille rend la décision plus difficile, mais elle en vaut la peine. Peut-être qu'un jour, nous pourrons vivre entièrement de mes livres. Après tout, les droits d'auteur du premier livre m'ont permis de payer les vacances de la famille, c'était donc un bon début.

Je vous remercie tous pour vos encouragements qui me parviennent par le biais de vos critiques et qui m'incitent à continuer d'écrire. Aujourd'hui encore, je lis chaque critique avec une profonde gratitude. Si vous avez aimé mon livre, je serais ravi de recevoir une critique cinq étoiles de votre part. Il n'y a pas de meilleure façon de me soutenir et de faire en sorte que de nombreux autres livres de cette série soient publiés à l'avenir.

TRUE CRIME INTERNATIONAL :

la série de livres à succès
d'Adrian Langenscheid

Son style particulier et le succès de ses livres ont fait d'Adrian Langenscheid l'un des auteurs de « true crime » les plus populaires en Allemagne. Vous avez apprécié ce livre ? Si oui, n'hésitez pas à commander les autres livres de la série et à encourager d'autres lecteurs à se plonger dans l'univers du true crime en écrivant une critique.

Ein Bild, das Text enthält.

Automatisch generierte Beschreibung

www.ingramcontent.com/pod-product-compliance
Ingram Content Group UK Ltd.
Pitfield, Milton Keynes, MK11 3LW, UK
UKHW021933190726
13853UKWH00004B/1414